Biblioteca
DERECHO GLOBAL

Luigi Garofalo
(Director)

Carlos Antonio Agurto Gonzáles
Sonia Lidia Quequejana Mamani
Benigno Choque Cuenca
(Coordinadores Generales)

Jorge E. Castañeda
Profesor Principal de Derecho Civil de la
Universidad Nacional Mayor de San Marcos
(Perú)

El Derecho en el Quijote

Edición al cuidado de
Carlos Antonio Agurto Gonzáles
Sonia Lidia Quequejana Mamani
Benigno Choque Cuenca

Ediciones Olejnik

Título: El Derecho en el Quijote

© Jorge E. Castañeda

© Ediciones Olejnik
Huérfanos 611, Santiago - Chile
E-mail: contacto@edicionesolejnik.com
Web site: http://www.edicionesolejnik.com

Primera edición en Ediciones Olejnik: 2019

ISBN: 978-956-392-710-8

Diseño de Carátula: Ena Zuñiga
Diagramación: Luis A. Sierra Cárdenas

Impreso en Argentina 2019 Printed in Argentina

ÍNDICE

EL FIN JURÍDICO DEL QUIJOTE

Cervantes cuidó que don Quijote tuviera siempre bien asida la justicia y no se desprendiera de ella jamás. Es por ello que sobre los fines que persigue habrá de pronunciarse casi hasta el final del libro. Su propósito es el de luchar por el derecho; castigar a los hacedores de iniquidad; hacer justicia a quienes padecen violencia.

Para el autor del Quijote el derecho era algo más que la administración de justicia. Era conducta; era comportamiento; era lo que creía James GOLDSCHMIDT «... el derecho es la más expresiva e impresionante, la más grandiosa y especificada manifestación de la moral sobre la tierra»[1]. Ciertamente, debió conocer lo que ARISTÓTELES[2] pensaba del derecho.

Esa es su tarea al irse a recorrer la tierra ancha y despaciosa de la Mancha. Y en el libro inmortal habrá de constar muchas veces este propósito.

El Quijote había contraído no con los extraños, sino consigo mismo, una obligación de cumplimiento imposible para él, porque carecía de la fuerza y del tesón necesarios para ejecutarla. Otros hombres, —los caballeros—, la habrían cumplido y la cumplieron en su época. Por tanto, el pago de esa obligación era subjetiva y no objetivamente imposible.

¿Cómo era el caballero?

Con adarga antigua y rocín flaco[3] es evidente que no se puede imponer el derecho y menos aún con la *stamina* de don Quijote, quien era «... largo, tendido, flaco, amarillo, estrecho en el vestido, desairado y sobre todo, no nada ligero»[4]. En otro lugar, Cervantes lo describe: «...seco, alto, tendido, con las quijadas que por de dentro se besaba la una con la otra...»[5]. O también dice de él: «...es un hombre alto de cuerpo, seco de rostro, estirado y avellanado de miembros, entrecano, la nariz aguileña y algo corva, de bigotes grandes, negros y caídos»[6].

---

1 En «Problemas generales del derecho», Edit. Depalma, Buenos Aires, 1944. p. 54.
2 El derecho es la virtud más perfecta. Véase Ethica Nic, V 3.
3 Parte 1a., cap. X. de «El ingenioso hidalgo don Quijote de la Mancha».
4 Parte 2a., cap. XLII. En adelante solo se cita la parte de la obra y el capítulo.
5 Parte 2a., cap. XXXI.
6 Parte 2a., cap. XIV.

Era «largo, tendido, flaco, amarillo, estrecho en el vestido, desairado, y sobre, todo, no nada ligero»[7].

Debemos, empero, reproducir la primera descripción física que Cervantes hace del Quijote.

« ... Frisaba la edad de nuestro hidalgo con los cincuenta años: era de complexión recia, seco de carnes, enjuto de rostro, gran madrugador y amigo de la caza ...»[8].

Si; la empresa que emprendía, —deshacer todo género de agravios y ponerse en ocasiones y peligros dónde, acabándolos, cobrase eterno nombre y fama—, era superior no solo a sus armas, sino a sus fuerzas. ¿Cuáles eran éstas? Dícese que limpió las armas de sus bisabuelos; las que estaban tomadas de orín y llenas de moho, por los luengos siglos que habían estado olvidadas[9]. Y en cuanto a su cabalgadura habían pintado a Rocinante en unos cartapacios y papeles viejos, «tan largo y tendido, tan atenuado y flaco, con tanto espinazo, tan hético confirmado, que mostraba bien al descubierto con cuánta advertencia y propiedad se le había puesto el nombre de Rocinante ...»[10].

Cervantes le hace decir a su Quijote algo que no es totalmente cierto:

«Has leído en historias otro que tenga ni haya tenido más brío en acometer, más aliento en el perseverar, más destreza en el herir, ni más maña en el derribar?». Solo es verdad lo de su perseverancia[10 bis].

El valor, el denuedo del personaje, sí se comprueba a todo lo largo de su historia. Ese valor desmedido le hace exclamar a Sancho «... Allá vas valentón del mundo, corazón de acero, brazos de bronce. Dios te guíe otra vez, y te vuelva libre, sano y sin cautela, a la luz de esta vida que dejas por enterrarte en esta oscuridad que buscas»[11].

Veamos qué dice sobre su hacer en la tierra:

Don Quijote tenía decidido «... los agravios que pensaba deshacer, tuertos que enderezar, sinrazones que enmendar, y abusos que mejorar, y deudas que satisfacer»[12].

«... buscando las aventuras en pro de los menesterosos[13].

« ... desfacedor de agravios y de sinrazones»[14].

---

7 Parte 2a., cap. LXII.

8 Parte 1a., cap. I, al Iniciar el primer parágrafo.

9 Parte 1a., cap. I.

10 Parte 1a., cap. IX, Rocinante significa ahora rocín flaco.

10bis Parte 1a., cap. X.

11 Parte 1a., cap. XXII. Antes de descender a la cueva de Montesinos.

12 Parte 1a., cap. II.

13 Parte 1a., cap. III.

14 Parte 1a., cap. IV.

« ... deshacer agravios, socorrer viudas, amparar doncellas (para que se fueran éstan tan enteras a la sepultura, como la madre que las parió)»[15].

«... debía socorrer a los huérfanos y los menesterosos»[16].

« ... ayuda de los flacos y de los menesterosos»[17].

« ... amparo y remedio de los menesterosos, la quintaesencia de los caballeros andantes ...»[18].

La falta que hacía en el mundo su tardanza debíase a «los agravios que pensaba deshacer, tuertos que enderezar, sinrazones que enmendar, y abusos que mejorar, y deudas que satisfacer»[19].

«Estas voces sin duda son de algún menesteroso o menesterosa que ha menester mi favor y ayuda»[20].

« ... la Orden de los caballeros andantes, de los cuales sé cierto..., que jamás pagaron posada ni otra cosa en venta donde estuviesen, porque se les debe de fuero y de derecho cualquier buen acogimiento que se les hiciere, en pago del insufrible trabajo que padecen buscando las aventuras de noche y de día, en invierno y en verano, a pie y a caballo, con sed y con hambre, con calor y con frío, sujetos a todas las inclemencias y a todos los incomodos de la tierra»[21].

Alguna vez el Quijote habrá de exclamar:

«—Venid acá gente soez y mal nacida, ¿saltear de caminos llamáis al dar libertad a los encadenados, soltar los presos, acorrer a los miserables, alzar los caídos, remediar los menesterosos?»[22].

Un barbero dirá del personaje: «...el famoso don Quijote de la Mancha, desfacedor de agravios, enderezador de tuertos, el amparo de las doncellas, el asombro de los gigantes y el vencedor de batallas?»[23].

En otra oportunidad dice: «... somos ministros de Dios en la tierra y brazos por quien se ejecuta en ella su justicia»; y Él sabe que los caballeros andantes del pasado «pasaron mucha mala ventura en el discurso de su vida» y siempre «quedaron bien defraudados de sus deseos y bien engañados de sus esperanzas»[24].

---

15 Parte 1a., cap. IX.
16 Parte 1a., cap. XI.
17 Parte 1a., cap. XIII.
18 Parte 1a., cap. XXIX.
19 Parte 1a., cap. II.
20 Parte 1a., cap. IV.
21 Parte 1a., cap. XVII.
22 Parte 1a., cap. XLV.
23 Parte 1a., cap. LII.
24 Parte 1a., cap. XIII.
Los caballeros son defensores; defienden a los labradores (Partida 2a., tit. XXI, 1. 2. Deben ser «mucho escogidos», porque necesitan tres cosas: esfuerzo, honra y poderlo. Defienden la tierra y la acrecientan.

Su misión es jurídica cuando expresa « ... sabed que mi oficio no es otro sino valer a los que poco pueden y vengar a los que reciben tuertos, y castigar alevosías ...»[25].

Casi al fin de su deambular, el Quijote expresa: « ... Salí de mi patria, empeñé mi hacienda, dejé mi regalo y entreguéme en los brazos de la fortuna ... Quise resucitar la ya muerta andante caballería y a muchos días que tropezando aquí, cayendo allí, despeñándome acá y levantándome acullá, he cumplido gran parte de mi deseo, socorriendo viudas, amparando doncellas, y favoreciendo casadas, huérfanos y pupilos, propio y natural oficio de caballeros andantes ...[26].

Los caballeros deben ser arteros y mañosos: Partida 2a., tit. XXI, ley 8; deben ser «sabidores»: Partida 2a., tit. XXI, ley 6.

La caballería es la compañía de los hombres nobles. Era la militia, que es la compañía de hombres duros y fuertes, y escogidos para sufrir trabajos y males. El caballero debe dar y hacer el bien.

No debe ser caballero el que «por su persona anduuiesse faziendo mercaduría». Y si la hiciere perderá la honra, o también si «obrasse de algum vil menester de manos, por ganar dineros» (Partida 2a., tit. XXI, ley 25).

Para Juan VALERA (cit. por R. de MAEZTU, en «Don Quijote, don Juan y la Celestina», 7a. ed. Espasa-Calpe Argentina S. A., Buenos Aires, 1952, pág. 24. cap. I) Cervantes escribe el Quijote, por no poder llegar a ser caballero. Se comprueba que hasta el final no cesa de humillar al ser que ha creado. Recuérdese que su héroe termina en el suelo, molido y quebrantado después de danzar hasta el agotamiento (Parte. 2a., cap. LXII). Y casi nada falta para que llegue el fin.

Cervantes hizo del Quijote un caballero andante acuitado y asendereado; un hombre acosado. «Melancolías y desabrimientos», dice el médico, que le acaban la vida (ésta se le va yendo poco a poco) (Parte 2a., cap. LXXIV). Pero al comienzo de su historia era alegre « el gozo le reventaba por las cinchas del caballo...» (Parte 1a., cap. IV).

25 Parte 1a., cap. XVII.

26 Parte 2a., cap. XVI.

Otras menciones son:

Hasta casi terminar el libro, Cervantes sigue enunciando cuál es la actitud del Quijote: «¡Oh no jamás como se debe alabado caballero don Quijote de la Mancha, ánimo de los desmayados, arrimo de los que van a caer, brazo de los caídos, báculo y consuelo de todos los desdichados!» (Parte 2a., cap. XXV).

Maese Pedro habla «deste señor caballero, de quien se dice que ampara pupilos y endereza tuertos...» (Parte 2a. cap. XXVI).

Más adelante aún, se expresa maese Pedro:

«—No esperaba yo menos de la inaudita cristiandad del valeroso don Quijote de la Mancha, verdadero socorredor y amparo de todos los necesitados y menesterosos vagamundos ...» (Parte 2a., cap. XXVI).

Y el mismísimo Quijote decía que su profesión era la de caballero andante y consistía en «favorecer a los necesitados de favor, y acudir a los menesterosos» (Parte 2a., cap. XXVII).

Insiste don Quijote «Yo he satisfecho agravios, enderezado tuertos, castigado Insolencias, vencido gigantes, atropellado vestiglos...» (Parte 2a., cap. XXXII).

En otro lugar exclama: «...el principal asunto de mi profesión es perdonar a los humildes y castigar a los soberbios: quiero decir, acorrer a los miserables y destruir a los rigurosos

(Parte 2a., cap. LII).
En el libro se lee lo que dice el Quijote del caballero andante; y él nos daba sus rasgos esenciales en estos términos: «... decidme, ¿quién fue el ignorante que firmó mandamiento de prisión contra un tal caballero como yo soy? ¿Quién el que ignoró que son exentos de todo judicial fuero los caballeros andantes, y que su ley es su espada, sus fueros sus bríos, sus premáticas (leyes) su voluntad? ... ¿Qué caballero andante pagó pecho, alcabala, chapín de la reina, moneda forera, portazgo ni barca? ... ¿Qué castellano le acogió en su castillo, que le hiciese pagar el escote? ¿Qué rey no le asentó a su mesa? ¿Qué doncella no se le aficionó, y se le entregó rendida a todo su talante y voluntad? ...» (Parte 1a., cap. XLV).
Y Sancho exclamará: «¡Oh humilde con los soberbios y arrogante con los humildes, acometedor de peligros, sufridor de afrentas, enamorado sin causa, imitador de los buenos, azote de los malos, enemigo de los ruines, en fin, caballero andante, que es todo lo que decirse puede!» (Parte 1a., cap. LII).
En otra ocasión, el Quijote volverá a decir «... los andantes caballeros tomaron a su cargo y echaron sobre sus espaldas la defensa de los reinos, el amparo de las doncellas, el socorro de los huérfanos y pupilos, el castigo de los soberbios y el premio de los humildes» (Parte 2a., cap. I).
Cuando el Quijote lo manda a Sancho a buscar a la amada, se lee: «Y bien, ¿y de parte de quién la vals a buscar? De parte del famoso caballero don Quijote de la Mancha, que desface los tuertos y da de comer al que ha hambre, y de beber al que ha sed» (Parte 2a., cap. X).

INSTITUCIONES JURÍDICAS CONTENIDAS EN EL LIBRO DEL INGENIOSO HIDALGO

Cervantes había estado en los claustros universitarios. Empero, el sentido y la razón de ser del derecho, lo captó no solo de la cátedra, sino en la brega judiciaria. Fueron varias las veces en que ingresó a la cárcel y hasta tuvo un juicio de cuentas con el Rey, que lo obligó a conocer el valor de la prueba, ya que el rindente está en estos procesos obligado a producir prueba de cada partida tachada por el acreedor. Asimismo, y precisamente por lo que escribió en el Quijote, tuvo que vérselas con los despiadados e implacables jueces de la Santa Inquisición y solo por ignorancia de éstos, salió bien librado[27].

---

[27] Una de las razones de la buena fama del libro es porque tiene mucho de la Biblia. El poder de la fe lo ha tomado de ella. Comenzaremos por anotar que el Quijote le dice a Sancho: «—¡Oh, hombre de poca fe!» (Parte 1a., cap. XVII). Cristo lo dice a cada momento. Así, San Mateo, 14:31; 6:30; 8:26; 16:8. Y sobre lo que es la fe véase ROMANOS, 14:23; HEBREOS, 11:1 ss.; SANTIAGO, 5:15.
Todo el facere del Quijote es pura fe y la fuerza de ella está contenida en esta frase de Dios: « Porque me has visto, Tomás, creíste; bienaventurados los que no vieron y creyeron»: SAN JUAN, 20:29.
Hay en el libro algo más hermoso aún:
El Quijote dirá: «y el agradecimiento que solo consiste en el deseo, es cosa muerta, como es muerta la fe sin obras (Parte 1a., cap. XLVII). En la Biblia léase: «Así también la fe, si no tiene obras, es muerta en sí misma». «Porque como el cuerpo sin espíritu está muerto, así también la fe sin obras está muerta» (SANTIAGO, 2:17 y 2:26).
A la sobrina le dice:
«...y sé que la senda de la virtud es muy estrecha, y el camino del vicio ancho y espacioso; y sé que sus fines y paraderos son diferentes, porque el del vicio, dilatado y espacioso, acaba en muerte, y el de la virtud, angosto y trabajoso, acaba en vida y no en vida que se acaba, sino en la que no tendrá fin...» (Parte 2a., cap. VI). Este pasaje es de Dios. Cf. SAN MATEO, 7: 13 y 7: 14. La copia es ad literam. Y su autor lo plagia a Dios y no lo dice. Véase también PROVERBIOS, 16:25. Este plagio bastaba para que fuera a la hoguera; pero los frailes que lo juzgaban no habían leído este pasaje sublime del Cristo.
Finalmente, no obstante que la vida le había sido tan descortés, poco antes de morir, despierta y «dando una gran voz, dijo: —Bendito sea el poderoso Dios, que tanto bien me ha hecho. En fin, sus misericordias no tienen limite, ni las abrevian ni Impiden los pecados de los hombres» (Parte 2a., cap. LXXIV). Y quienes leemos la Biblia, sabemos que Cristo al reunirse con el Padre, clamaba «a gran voz»: SAN MATEO, 27:50; SAN MARCOS, 15:37. Lo que se deja relacionado, prueba cómo Dios ha influido en la grandeza del libro.

En el fondo y no obstante haber vivido agredido por la justicia de los hombres, Cervantes no solo respetaba, sino que creía en el derecho. En este orden de ideas, el duque le dirá a Sancho:

«—... Vos, Sancho, iréis vestido, parte de letrado y parte de capitán, porque en la ínsula que os doy, tanto son menester las armas como las letras, y las letras como las armas»[28].

En otro lugar, hay, sin embargo, una frase lesiva para los abogados. Hará decir a don Quijote « ... que las armas de los togados son las mismas que las de la mujer, que son la lengua ...»[29]. Es la única afrenta que nos hace.

En otro momento, Cervantes hará decir a su caballero frases de elogio para el derecho: « .... veamos ahora cuál de los dos espíritus, el del letrado o el del guerrero, trabaja más; y esto se vendrá conocer por el fin y paradero a que cada uno se encamina; porque aquella intención se ha de estimar en más que tiene por objeto más noble fin. Es el fin y paradero de las letras, y no hablo ahora de las divinas, que tienen por blanco llevar y encaminar las almas al Cielo; que a un fin tan sin fin como éste ninguno otro se le puede igualar; hablo de las letras humanas, que es su fin poner en su punto la justicia distributiva, y dar a cada uno lo que es suyo, y entender y hacer que las buenas leyes se guarden; pero no de tanta como merece aquel que las armas atiende, las cuales tienen por objeto y fin la paz, que es el mayor bien que los hombres puedan desear en esta vida...»[30]. Considera, empero que el hombre de armas es superior al hombre de leyes, porque el primero a cada paso está a pique de perder la vida.

En otro lugar, continúa escribiendo Cervantes sobre la preeminencia de las armas sobre las letras. Aquí don Quijote dice: «... porque la guerra también tiene sus leyes y está sujeta a ellas, y que las leyes caen debajo de lo que son letras y letrados. A esto responden las armas que las leyes no se podrán sustentar sin ellas, porque con las armas se defienden las repúblicas, se conservan los reinos, se guardan las ciudades, se aseguran los caminos, se despejan los mares de corsarios ... Y es razón averiguada que aquello que más cuesta se estima y debe de estimar en más...[31].

Veamos de seguido las frases del libro que revelan el conocimiento que del derecho tiene el autor famoso.

«Preguntante» es vocablo que está dentro de la fabla de los tribunales y Cervantes lo utiliza[32].

---

28 Parte 2a., cap. XLII.

29 Parte 2., cap. XXXII. En buena hora; el verbo es primero en el acaecer de la tierra.

30 Parte 1a., cap. XXXVII.

31 Parte 1a., cap. XXXVIII. La frase subrayada habría de decirla mucho después R. IHERING, en «El espíritu del derecho romano», t. I, ed. Bailly-Bailliere, 5ª tirada, § X, p. 132 s. (lo que el hombre conquista con el sudor de su frente o al precio de su sangre, quiere conservarlo).

32 Parte 1a., cap. XLIII.

«Justo título», es elemento indispensable en derecho civil para la *usucapio*. Cervantes emplea esta frase en diverso sentido, pero hace inferir que en la controversia judicial que hubo de tener, por lo menos la escuchó de algún litigante[33].

«No hay lugar por ahora» habrá de decirle el Quijote a una doncella que le pide la socorra; y este giro es utilizado por los hacedores de la justicia; y que denota que el pedimento de la parte es extemporáneo o prematuro, con arreglo al estado del proceso[34].

Cervantes hará decir a un simple y modesto barbero «... salvo mejor parecer» y esta es frase que los fiscales emplean en sus dictámenes o pareceres y que significa que su opinión puede ser sustituida por otra[35].

«... no me atrevo a dar sentencia definitiva» se lee en otro lugar y en el derecho procesal significa que el fallo tiene el carácter de la cosa juzgada, o también sentencia pasada en autoridad de cosa juzgada[36].

En otro lugar habla del juicio arbitral cuando dice que «... como miembros de justicia mediaron la causa y fueron árbitros de ella...», y que «se trocaron las albardas» (contrato de permuta) y «el barbero le hizo una cédula del recibo» (prueba del pago)[36 bis].

«... señor de almas y lugares ...» dirá Cervantes del caballero andante[37]. Es decir, debería ser hombre con patrimonio. No solo cosas muebles sino predios, que eran tierras o casas en las ciudades; y también era señor de las personas; de ciertas personas a quienes daba protección.

También menciona, la emisión de letra de cambio (institución típica del derecho mercantil), que sustituye y modifica el contrato de cesión de créditos. Y, precisamente, la creación de la cambial hízose para modificar la responsabilidad del acreedor primitivo en la transferencia de obligaciones activas, en cuanto en éstas el acreedor-cedente solo responde al acreedor cesionario del *nomen verum*, pero no del *nomen bonum*. Las frases de Cervantes

33 En Parte 1a., cap. XLIV. También nos encontramos con «justo título» en Parte 2a., cap. XXXVIII.

34 Parte 1a., cap. XLIV.

35 Véase Parte 1a., cap. XLV.

36 Parte 1a., cap. XLV.

36bis Parte 1a., cap. XLVI.

37 Parte 1a., cap. XLIII. La sobrina habrá de decir del Quijote, cuando quiere dejar por segunda vez el hogar « que es caballero no lo siendo, porque aunque lo puedan ser los hidalgos, no lo son los pobres!». Y en verdad que el Quijote era pobre (cf. Parte 2a., cap. VI). Siempre estaba «muy sin dineros» y más fueron los días en que se preguntaba qué había de comer hoy. A Sancho le dirá « — ... la fineza de mi negocio, está en no comer y en hacer otras asperezas equivalentes» (Parte 1a., cap. XXV in fine).

sobre derecho cambiario denotan que sabe de esta singularidad que conlleva el endoso del instrumento de cambio. Es evidente que una de las razones que los comerciantes tuvieron para crear la letra de cambio fue la de facilitar el pago de las obligaciones dinerarias con otras obligaciones de capital ya vencidas o todavía por vencer, pero obligando al acreedor originario a responder no solo de la existencia de la obligación, sino del importe de dicha obligación. Otra razón que también justificó el origen de la letra fue la de que al endosatario de buena fe no pueden deducírsele excepciones oponibles tan solo a los anteriores acreedores-endosantes del título. El tenedor solo está obligado a soportar las excepciones personales a él y las excepciones que tengan el carácter de comunes. Esta limitación en las defensas que puede utilizar el deudor cambiario no ocurre en la cesión de créditos; ésta es una verdadera caja de sorpresas, ya que el deudor cedido puede oponer no solo las excepciones que a él corresponden, sino las que pueden hacer valer los otros cedentes, si se han operado varias cesiones del mismo crédito. Finalmente, otra ventaja del derecho de cambio sobre la cedibilidad normal de las obligaciones activas, está en que no solo el deudor principal (en este caso, aceptante), sino los sucesivos acreedores endosantes, inclusive el originario, que al endosar (transferir) se convierten en deudores, responden no mancomunadamente, sino solidariamente, del importe de la obligación que ja letra representa. Todas estas sutilezas del derecho comercial las conocía el autor de «El ingenioso hidalgo Don Quijote de la Mancha»? Ciertamente, en el libro se lee «libranza» y no letra de cambio, pero en ciertos casos la libranza equivalía a la cambial y hasta hoy al girador de la letra se le llama «librador» en castellano[37 bis].

En el cuento de la pastora Marcela, un tal Vivaldo hace clara alusión al testamento cuando dice: «... lo que dejó mandado al acabar la vida», porque la eficacia del testamento comienza con la muerte de su autor. Todo el parágrafo refiérase al testamento, del que se afirma que no es justo ni acertado que se cumpla la voluntad del otorgante «porque lo que ordena va fuera de todo razonable discurso». No se señala si lo que debe conseguirse es la nulidad o la anulabilidad del instrumento, o solo su caducidad[38].

A la garantía personal que es el contrato accesorio de fianza, alude el Quijote cuando Sancho se va sin pagar de la venta: «... muy contento de no haber pagado nada y de haber salido con su intención, aunque había sido a costa de sus acostumbrados fiadores, que eran sus espaldas»[39].

37 bis Véase Parte 1a., cap. XXV, en que Sancho alude a una excepción no personal sino común, que es la de la firma falsa del deudor.

38 Parte 1a., cap. XIII.

39 Parte 1a., cap. XVII.

«Bien es verdad que yo soy hijodalgo de solar conocido, de posesión y propiedad ...»[40]. Esta frase denota que el autor sabe distinguir entre lo que es la *possesio* y el *dominium*, no obstante que en no pocos casos la posesión es el contenido del derecho de propiedad. Esa diferencia solo la percibe un experto en leyes, cuando determina cuál es lo que solo posee el cliente y de qué es dueño. Y en el apartado que sigue nos encontramos con un dicho de Sancho que reza: «No pidas de grado lo que puedes tomar por fuerza»[41], del que hacemos uso los abogados cuando la parte a la que defendemos tiene un derecho que es mejor sea defendido en el proceso desde adentro. Así acontece, v. g., cuando se trata de un *status pro-indiviso* en que el condómino tiene la calidad de mayor porcionista, o de una compañía anónima en que el cliente tiene la mayoría en el accionarado y no está en posesión.

Al quemarle sus libros, un cura decía que ciertos libros no merecían la hoguera, porque «son libros de entendimiento, sin perjuicio de tercero»[42]. Esta frase se lee con frecuencia en los escritos que redacta el abogado en el ejercicio de su profesión; y traduce el mismo principio del *res inter alios acta.*

Sancho dirá a su amo: « ... recitante he visto yo estar preso por dos muertes, y salir libre y sin costas ...»[43].

Ya Cervantes parece tener una idea, si bien imprecisa, de la responsabilidad extracontractual (*neminen laedere*) en cuanto debe resarcirse el daño porque ello importa un deber legal (*actio legis Aquiliae*) por la comisión de un acto ilícito; y, sobre todo, se observa que hay una aproximación al daño moral (daño no patrimonial, inmaterial) por el dolor que experimentan los familiares del finado. Sancho dice « ... pues los duelos con pan son menos ... «, pero solo refiriéndose a la comida de los escuderos a los que se les pasa un día y dos sin desayunar[44].

El caballero del Bosque ha de decir: «—Al buen pagador no le duelen prendas». Al reproducir esa frase no en asuntos de dinero sino en cuanto a una lucha singular, Cervantes está probando que sabe la res-

40 Parte 1a., cap. XXI. El Quijote es hidalgo. Lo declara el título del libro. Para la Segunda Partida, tit. XXI, ley III, el hidalgo no debe ser de tan mala ventura que de lo que heredó de otros se acaba en él. La Justicia la debe hacer derechamente. No debe ser pobre, para poder ser caballero. Para él la muerte no es temida. La Segunda Partida, tit. XXI, ley... manda que cuando reciben la orden de la caballería jurarán asi: «non se escusar de tomar muerte por su ley, si menester fuere, ni sre en consejo por ninguna manera para menguarla, mas para acrecentalla lo mas que podieren».

41 Parte 1a., cap. XXI. Otro refrán del escudero que significa que es más digno y honroso ocultarse porque se sabe que resulta ocioso implorar, es éste: «Más vale salto de mata que ruego de hombres buenos».

42 Parte 1a., cap. VI.

43 Parte 2a., cap. XI.

44 Parte 2a., cap. XIII.

ponsabilidad que asume quien debe y la seguridad que otorga al acreedor el derecho real pignoraticio[45].

Se lee, asimismo, que «Pasaba mi padre los términos de la liberalidad y rayaba en los de ser pródigo ...»[46].

Las liberalidades son permitidas: donaciones, legados, condonaciones, pagos hechos para cumplir deberes morales o de solidaridad social, mejoras. Por el contrario, la prodigalidad importa una incapacidad que necesita guardaduría (cúratela), en cuanto el incapaz dilapida, en nuestra ley, más de la tercera parte de sus bienes raíces o capitales y tiene herederos forzosos. Cervantes percibía la diferencia entre ambas, al punto de que una de ellas puede ocasionar la interdicción y poner a este incapaz bajo la guarda de un curador.

Sobre el valor inconmensurable que tiene la libertad, dirá: «... porque no hay en la tierra, conforme mi parecer, contento que se iguale a alcanzar la libertad perdida»[47].

Cuando da libertad a los galeotes, el Quijote, con el conocimiento que tiene quien lo creó, de cómo es la justicia de los hombres y la debilidad que casi todos los acusados muestran al ser torturados, habrá de decir: «... y que podría ser que el poco ánimo que aquel tuvo en el tormento, la falta de dineros de éste, el poco favor del otro y, finalmente, el torcido juicio del juez, hubiese sido causa de vuestra perdición, y de no haber salido con la justicia que de vuestra parte teníais. Todo lo cual se me representa a mi ahora en la memoria que me está diciendo, persuadiendo y aún forzando, que muestre con nosotros el efecto para que el Cielo me arrojó al mundo, y me hizo profesar en él la orden de caballería que profeso, y el voto que en ella hice de favorecer a los menesterosos y opresos de los mayores»[48].

«Peritos jurisconsultos» son adornados con las garnachas; y éstas son vestiduras talares propias de ellos. Quijote dice con sorna que tales atuendos los honran y engrandecen[49].

No obstante el clima político despótico y ultramontano en que vivía Cervantes, es de destacar lo que piensa acerca de hasta qué extremos debe llegarse para alcanzar la verdad, —que es la substancia del verdadero derecho—. El Quijote hablando con un Lorenzo le dirá que la caballería andante es una ciencia «que encierra en sí todas o las más ciencias del mundo, a causa de que el que la profesa ha de ser jurisperito, y saber las leyes de la justicia

45 Parte 2a., cap. 525
46 Parte 1a., cap. XXXIX.
47 Parte 1a., cap. XL.
48 Parte 1a., cap.XXII.
49 Parte 1a., cap. XVI.

distributiva y conmutativa, para dar a cada uno lo que es suyo y lo que le conviene[50] ... ha de guardar la fe a Dios y a su dama; ha de ser casto en los pensamientos, honesto en las palabras, liberal en las obras, valiente en los hechos, sufrido en los trabajos, caritativo con los menesterosos, y, finalmente, mantenedor de la verdad, aunque le cueste la vida al defenderla ...[51].

Con respecto al matrimonio, se expresa así el Quijote: «... La de la propia mujer no es mercaduría que una vez comprada se vuelve, se trueca o cambia; porque es accidente inseparable, que dura lo que dura la vida; es un lazo que si una vez le echáis al cuello, se vuelve en el nudo gordiano, que si no le corta la guadaña de la muerte, no hay desatarle ...»[52].

El bachiller se refiere a la falta (culpa) y al dolo que se ponen en la memoria de un autor, porque olvida narrar el delito que cometió quien hurtó el rucio a Sancho[53].

Sobre el concepto de posesión y, sobre todo, en tratándose de la posesión originaria, o sea aquella que con el tiempo en su ejercicio (*usucapio*) hace adquirir la propiedad, el Quijote exclamará «... y advertid, hijo, que vale más buena esperanza que ruin posesión»[54]; y con respecto al pago de las obligaciones (*solutio*), expresará también que vale más «buena queja que mala paga»[55].

La frase «testamento y codicilo que no se pueda revocar» está dicha por Sancho pero con error[56]. Y al decir esto Sancho es evidente que Cervantes denota que sabe que un testamento como un codicilo son esencialmente revocables por el testador y es por eso que a ellos se les llama disposición de última voluntad. Nosotros, tuvimos codicilos.

«Mayor cuantía» es frase que emplea un duque[57]; y que en los procesos sirve para determinar la competencia del juez y/o del tribunal.

Jurisperito es vocablo que vuelve a utilizar y que pone en boca de un duque[58].

Calan hondo los consejos que le da don Quijote a Sancho, antes de que éste gobierne la ínsula y administre justicia. Veamos algunos:

---

50 En esta frase se observa con más nitidez que sabe las esencias del derecho romano. Le era conocida la definición de la justicia de ULPIANO: Honeste vivere; alterum non laedere; sum cuique tribuere. Este es el derecho auténtico; y él es también moral.

51 Parte 2a., cap. XVIII.

52 Parte 2a., cap. XIX.

53 Parte 2a., cap. III in fine.

54 Parte 2a., cap. VII. Sancho también ha oído decir que más vale buena esperanza que ruin posesión en Parte 2a., cap. LXV.

55 Parte 2a., cap. VII.

56 Parte 2a., cap. VII.

57 Parte 2a., cap. XLI

58 Parte 2a., cap. XLIL.

«Hallen en ti más compasión las lágrimas del pobre, pero no más justicia, que las informaciones del rico».

«Cuando pudiere y debiere tener lugar la equidad, no cargues todo el rigor de la ley al delincuente; que no es mejor la fama del juez riguroso que la del compasivo.

«Si acaso doblares la vara de la justicia, no sea con el peso de la dádiva, sino con el de la misericordia»[59].

Acerca de la prueba de un contrato de préstamo o mutuo, Sancho fija los extremos y consigue esclarecer la obligación del mutuatario[60]; y también un delito de violación[61].

Tercería es palabra de neta ascendencia procesalística que emplea don Quijote[62].

Es verdad, empero, que no se refiere a la tercería excluyen- te de dominio, o a la tercería preferencial de pago o de igual derecho. El vocablo, sin embargo, es de origen jurídico.

En todo lo de la ínsula campea el derecho. Así, Sancho, en cierto día, toma posesión de ella[63]. Al administrar justicia Sancho, en la prueba del contrato de préstamo, llega hasta el juramente decisorio; después, conocerá el escudero de un delito de violación; y, por último, de las diferencias de un sastre con un cliente por ciertas hechuras[64].

También en la justicia de Sancho nos encontramos con el *in dubbio pro reo*, cuando dice: «... que cuando la justicia estuviese en duda, me decantase y acogiese a la misericordia...»[65]. (Este es el *in dubbio pro reo o in dubbio pro libertate*).

La falta de patrimonio hará exclamar a Sancho que ha gobernado la ínsula con probidad. Sus palabras son: «... cuanto más que saliendo yo desnudo, como salgo, no es menester otra señal para dar a entender que he gobernado como un ángel»[66].

Es jurídica también la exigencia del Quijote de que Sancho sea claro en el decir. Sabemos los que abogamos que al juez hay que pedirle con claridad

59 Parte 2a., cap. XLII in fine.
60 Parte 2a., cap. XLV.
61 Parte 2a., cap. XLV.
62 Parte 2a., cap. XLVIII.
63 Parte 2a., cap. XLV.
64 Parte 2a., cap. XLV.
65 Parte 2a., cap. LI. En este mismo parágrafo se lee «... pues siempre es alabado más el hacer bien que mal...».
66 Parte 2a., cap. LIII in fine.

y justeza lo que se demanda. El derecho es siempre claro, prístino, fácil de comprender. La obscuridad excluye el derecho. Quijote le dirá a su escudero: «—No más refranes Sancho, por un solo Dios... habla a lo llano, a lo liso, a lo no intrincado, como muchas veces te he dicho, y verás cómo te vale un pan por ciento»[67].

Para pagarle el sueldo a Sancho, tiene en cuenta la cantidad de días que le ha servido y la cifra que por un mes percibe el escudero, para determinar cuál es la deuda por este concepto; y es así que habrá de decirle: «...veinticinco días a que salimos de nuestro pueblo; contad, Sancho, *rata por cantidad*, y mirad lo que os debo, y pagaos, como os tengo dicho, de vuestra mano». Las palabras subrayadas por mi están significando la idea jurídica de la prorrata[68].

«Cosa juzgada» es frase que utiliza Sancho en el mismo sentido procesal que tiene en derecho, porque hasta se refiere a que han pasado los tres días que se le dieron para que las locuras se conviertan en *res iudicata*[69].

«Salir libre y sin costas»[69 bis].

«Vista de ojos», que es la forma antigua de llamar a la prueba plena de inspección ocular[69 ter].

Cervantes escribe que de don Quijote se dirá como se dijo de Amadís: «que si no acabó grandes cosas murió por acometerlas»[70].

Persiguió la realización de la justicia; pero se fue quedando en el empeño.

No obstante el régimen conservador y ultramontano de la reyecía hispana, Cervantes trata de la libertad como valor jurídico inestimable. Así, se lee: «... porque no hay en la tierra, conforme mi parecer, contento que se iguale a alcanzar la libertad perdida»[71].

Insiste en el valor de la libertad, ya que en carne propia había sufrido su pérdida a manos de la morisma. Hará así decir a uno de sus personajes «... todas nuestras pesadumbres y pobrezas se nos olvidaron de todo punto, como si no hubieran pasado por nosotros; tanto es el gusto de alcanzar la libertad perdida»[72].

---

67 Parte 2a., cap. LXXI.

68 Parte 2ª., cap. XXVIII. En este mismo capítulo Sancho aparece diciendo algo que no se compadece con su rusticidad y simpleza: «...hasta mejor haría yo en volverme a mi casa y no andarme tras vuesa merced por caminos sin camino, y por sendas y carreras que no las tienen», o sea un peregrinar sin destino.

69 Parte 1a., cap. XXV.

69bis Parte 2a., cap. XI.

69ter Parte 2a., cap. LVIII.

70 Parte 1a., cap. XXVI.

71 Parte 1a., cap. XXXIX.

72 Parte 1a., cap. XLI.

Con respecto a los actos ilícitos, en los que se repara el daño moral además del daño material, sobre todo cuando el hecho ilícito produce el fallecimiento de la víctima, el dolor de sus herederos pretende enjugarse con un cuantum dinerario, algo hay de esta doctrina del *neminem laedere* (responsabilidad extracontractual basada en la romana *lex aquilia*) cuando Sancho y su rucio caen en profunda y obscura sima al apartarse de la trocha y después de lamentarse el primero, extrae pan de las alforjas y le da un pedazo al jumento, exclamando «—Todos los duelos con pan son menos»[73].

Nuevamente hace el elogio de la libertad el Quijote:

«—La libertad, Sancho, es uno de los más preciosos dones que a los hombres dieron los cielos; con ella no pueden igualarse los tesoros que encierra la tierra, ni el mar encubre: por la libertad, así como por la honra, se puede y debe aventurar la vida; y por el contrario, el cautiverio es el mayor mal que puede venir a los hombres ...»[74]. Y estas palabras las pronuncia no obstante el regalo que se le hace en el castillo ducal, porque siente que los banquetes sazonados y las bebidas, le parece «que está metido en las estrecheces de la hambre, porque no lo gozaba con la *libertad* que lo gozara si fueran míos; que las obligaciones de las recompensas, de los beneficios y mercedes recibidas, son ataduras que no dejan campear al ánimo libre». Y agrega el Quijote algo que solo habrán sentido los que han recibido limosna: *«Venturoso aquel a quien el cielo dio un pedazo de pan, sin que le quede obligación de agradecerlo a otro que al mismo cielo»*[75].

Encuentran varios hombres el andante caballero y escudero,, que estaban comiendo encima de la yerba de un prado, y uno de ellos habrá de hablar de *vista de ojos*, que era la manera de llamar a la prueba de inspección ocular que nuestra ley procesal legisla[76].

En la repartición del botín hurtado por varios malandrines, quien la hizo observó tanta legalidad y prudencia que no defraudó a la justicia distributiva, lo que hizo que Sancho dijera: «—Según lo que aquí he visto, es tan buena la justicia, que es necesario que se use aún entre los mesmos ladrones»[77].

Un giro propio de los escritos por ante los jueces y magistrados emplea Cervantes y es el que reza « ... que a su derecho convenía ...» y que nosotros siempre decimos: «—Conviene a mi derecho que ...»[78].

---

73 Parte 2a., cap. LV.

74 Parte 2a., cap. LVIII.

75 Parte 2a., cap. LVIII.
Adviértase que Dios dice que solo se debe pedir el pan nuestro de cada día y en el Antiguo Testamento se lee « ... No me des pobreza ni riquezas. Mantenme del pan necesario». PROVERBIOS, 30:8.

76 Parte 2a., cap. LVIII.

77 Parte 2a., cap. LX.

78 Parte 2a., cap. LXXII.

Próximo a morir pedirá el Quijote «escribano que haga su testamento»[79].

Y Cervantes describiendo la facción testamentaria escribe:

« ... Entró el escribano (notario ahora, en el Perú) con losdemás, y después de haber hecho la cabeza del testamento, y ordenado su alma don Quijote, con todas aquellas circunstancias cristianas que se requieren, llegando a las mandas, dijo:

«Item, es mi voluntad ...»[80].

Esto solo puede decirlo quien sabe redactar el testamento. La cabeza es la introducción. Las mandas importan la atribución del patrimonio del testador; y el item es mi voluntad es forma usual en la redacción del instrumento 3e última voluntad.

Y designa dos albaceas o ejecutores testamentarios[81]. Es evidente que ha descrito la testamentifacción con la claridad de un letrado que sabe su oficio.

Al describir a ciertas ninfas decía Cervantes que traían a sus espaldas escritos los nombres que tenían, los cuales entre otros, eran: «Liberalidad» y «Posesión pacífica», cuyo carácter jurídico es fácilmente perceptible, ya que la liberalidad importa una transferencia patrimonial gratuita y en cuanto a la posesión pacífica ella resulta ser extremo necesario para la prescripción[82].

También trata del estado servil de los hombres cuando dice que los patrones dan libertad a sus esclavos viejos y que ya no pueden servir y al echarlos de casa con el título de libres «los hacen esclavos de la hambre, de quien no piensan ahorrarse sino con la muerte»[83].

«Señor judiciario» y «acertadísimo judiciario» son frases del Quijote en determinado pasaje[84].

«... quiero yo mismo condenarme en costas», o sea procesalmente los gastos de la litis[85].

En otro lugar, don Quijote le dice a Sancho que es prevaricador de las ordenanzas escuderiles de la andante caballería[86].

Sobre garantías reales en el pago futuro de las obligaciones contraídas, dícese, por Sancho: «... al buen pagador no le duelen prendas ...»[87].

---

79 Parte 2a., cap. LXXIV.
80 Parte 2a., cap. LXXIV.
81 Parte 2a., cap. LXXIV.
82 Parte 2a., cap. XX.
83 Parte 2a., cap. XXIV.
84 Parte 2a., cap. XXV.
85 Parte 2a., cap. XXVI.
86 Parte 2a., cap. XXVIII.
87 Parte 2a., cap. XXX. La misma frase la repite en la Parte 2a., cap. XXXIV y parte 2a., caps. LIX y LXXI.

Muerte civil y continua en lugar de la pena capital le hace decir a una condesa Cervantes, al tratar ésta de imponer la sanción[88].

«Arrendador o alcabalero» es frase que se lee como dicha por Teresa Panza. Cervantes fue alcabalero (cobrador de tributos) y por eso le hace decir también a la mujer de Sancho «... son oficios que aunque lleva el diablo a quien mal los usa (él por ejercerlo dio con sus huesos en la cárcel), en fin, en fin, siempre tienen y manejan dineros ...»[89].

88 Parte 2a., cap. XXXIX.

89 Parte 2a., cap. LII.

LA OBLIGACIÓN IMPOSIBLE

Además de todas las frases que hemos reproducido, —muchas de las cuales son propias de la jerga de los tribunales—, existen en el famoso libro, dos afirmaciones jurídicas que merecen comentario visceral.

La primera de ellas es la frase del Quijote que revela que Cervantes sabía Derecho y no de oídas, sino que lo había estudiado y esgrimido. Es la de «... nadie se puede obligar a lo imposible ...»[90]. La imposibilidad sin culpa del deudor de la prestación, puede producirse sin que medie un acontecimiento imprevisible e insuperable que justifique la imposibilidad y exima de responsabilidad al sujeto pasivo. Cervantes ya percibía estos matices del derecho en una época en que la doctrina romana no había sido plenamente recibida y mucho tiempo antes que quienes darían a España el código civil que hasta hoy rige en dicho país. Empero, aparte de esa fabla de la brega judicial, existen en el famoso libro conceptos jurídicos que revelan en quien los invoca estudios universitarios en facultades o escuelas de derecho.

Nosotros en el cód. civ. derogado, carecíamos de esta noción de la «prestación imposible», que es liberatoria para el deudor de ella, si la imposibilidad no se debe a culpa de dicho deudor. Empero, el deudor también se libera si la prestación no la paga y ese no pago se debe a caso fortuito o a fuerza mayor. Por tanto, sin que exista casus el deudor no deberá daños y perjuicios si pretendió efectuar la prestación «como lo exigen la fidelidad y la buena fe en atención a los usos del tráfico» (§ 242 del BGB)[91] y pese a ello dicha prestación no la pudo pagar. Por consiguiente, el deudor no responde de los daños y perjuicios a pesar que no existe caso fortuito o fuerza mayor, sino también si prueba que no incurrió en culpa. No bastaría que alegue; deberá probar que no es culpable del incumplimiento de la prestación, aunque su ausencia de culpa no derive de casus.

En el cód. civ. español (que se promulga después de nuestro cód. civ. de 1852), sobre imposibilidad de la obligación contiene el art. 1184, cuya deficiencia es notoria y que dice:

---

[90] Parte 2a., cap. LXX. La misma frase en Parte 2a., cap. LXX, es para Altisidora, a quien le pide que se retire en los límites de su honestidad.

[91] El § 242 del cód. civ. germano declara: «El deudor está, obligado a efectuar la prestación como exigen la fidelidad y la buena fe en atención a los usos del tráfico».

«También quedará liberado el deudor en las obligaciones de hacer cuando la prestación resultare legal o físicamente imposible».

Adviértase que Cervantes se refiere, en forma general, a la obligación imposible, fuere ésta de dar, de hacer o de no hacer, o sea que está más en caja que el cód. civ. de su país, no obstante la enorme diferencia de tiempo y que hasta ahora nadie sabe si el manco genial estudió derecho. Creemos nosotros que tuvo necesariamente que instruirse en esta disciplina, en forma orgánica.

En verdad, la presencia en nuestro cód. civ. vigente de dos preceptos eximentes de la responsabilidad del deudor, uno porque dicho deudor no incurrió en culpa y otro porque existió un caso fortuito o una fuerza mayor, revelan que el legislador admitía que en ciertos supuestos la irresponsabilidad del sujeto pasivo por el incumplimiento de la prestación, no solo se debe al casus, sino a otras razones excluyentes de la culpa[92], como lo sería su conducta.

Es evidente que se presentan casos en que no existe acontecimiento imprevisible, insuperable e irresistible, y, sin embargo, no ha incurrido en culpa el vendedor. V. g., promesa de venta de cosa inmueble a persona determinada, dentro de cierto plazo, que el beneficiario no podía dentro del plazo estipulado, convertir en compra-venta debido a un retraso en el medio de comunicación empleado y que lo haría perder el dinero que dio por arras al promitente. No sería razonable dejar en beneficio del otro contratante de la promesa, las arras.

Para el art. 1318 del cód. civ. de 1936 peruano, Aparicio y Gómez Sánchez Germán[93] señala como concordante el art. 2274 del cód. civ. derogado.

En las obligaciones de dar cosas muebles, el art. 1175 de nuestro vigente cód. civ. previene que «si una cosa mueble determinada se perdiese sin culpa del deudor, antes de efectuarse su tradición, o pendiente una condición suspensiva, queda disuelta la obligación». Nada dice sobre la pérdida de inmueble sin culpa del deudor, porque la obligación no se disuelve y la pérdida la sufre el acreedor según el art. 1172 del cód. civ.

El art. 2274 del cód. civ. de 1852 decía:

«Si por caso fortuito se pierde o se destruye totalmente la cosa que se debía, se extingue la obligación».

92 Los dispositivos del cód. civ. del Perú son:
Art. 1318.— «La obligación se extingue cuando la prestación llega a ser imposible sin culpa del deudor».
Art. 1319.— «El deudor no responde por los daños y perjuicios resultantes del caso fortuito o de la fuerza mayor, sino en los casos expresos de la ley, y en los que así lo establezca la obligación».

93 Cód. Civ., concordancias, t. XIII, p. 313 (ed. 1943).

«Mas si la pérdida o destrucción ha sido parcial, subsiste la obligación en lo que haya quedado».

En verdad, además de la defectuosa redacción del precepto, el deudor no solo se libera de responsabilidad si la prestación se extingue por caso fortuito o fuerza mayor, es decir, no debe daños y perjuicios si hubo caso fortuito o fuerza mayor, que deberá probar (esta es la doctrina de los arts. 1319 y 1326 del cód. civ. peruano), sino que también no deberá indemnización de daños y perjuicios si no ha podido pagar la prestación pero si no ha incurrido en culpa, que es la hipótesis legislada por el art. 1318 de nuestro cód. civ., lo que también deberá probar.

El deudor que no cumple con la prestación en que la obligación consiste, no debe indemnización de daños y perjuicios no solo cuando como previene el art. 1319 del cód. civ. peruano, el incumplimiento obedece al caso fortuito o a la fuerza mayor, sino cuando la obligación llega a ser imposible sin culpa del deudor, como lo establece el art. 1318 del cód. civ. del Perú. Hay, es claro, supuestos en que el deudor responde del caso fortuito y de la fuerza mayor, como ocurre en alguna hipótesis de comodato (arts. 1590 y 1598 del cód. civ.); en la posesión de mala fe (art. 840 cód. civ.); o cuando se encuentra en mora (art. 1256 del cód. civ.); o también cuando hubiere gestión de negocios (art. 1660 cód. civ.). Existen otros supuestos en que la prueba de su ausencia de culpa no salva al deudor, sino solo el caso fortuito y/o la fuerza mayor (así, en los actos ilícitos; en la *locatio* cuando el predio materia de ella se incendia: art. 1518 C.C. peruano; el depósito en los hoteles, que de sus efectos hacen los pasajeros: art. 1625 C.C. peruano, en que solo la fuerza mayor libera de responsabilidad al hotelero.

Los casos de incumplimiento de una obligación son los que siguen:

1) Por culpa del deudor (dolo o culpa llamada también negligencia);
2) Por caso fortuito o fuerza mayor;
3) Por la imposibilidad de la prestación sin culpa del deudor;
4) Por mora del deudor (en esta mora siempre existirá culpa del deudor, porque no hay mora incúlpala).
5) Por mora del acreedor.

Se puede pactar la exclusión de la responsabilidad del deudor, pero no la que derivara de su dolo o culpa grave (inexcusable) (art. 1321 del cód. civ. peruano).

Aún cuando el deudor no cumpla sino en parte, o sea que cumpla inexactamente, en realidad no está cumpliendo. Por tanto, este es también un caso de incumplimiento.

Ahora bien; el deudor no cumple porque no puede o, en otro caso, porque no quiere. Ambos son estados subjetivos frente a la situación objetiva del incumplimiento.

El deudor no debería la indemnización de daños y perjuicios si prueba que el incumplimiento era jurídica, objetiva y absolutamente imposible. La imposibilidad no es al tiempo de constituirse la obligación, sino que se trata de una imposibilidad sobreviniente. Si fue imposible antes de nacer la obligación resulta evidente que dicha obligación es inexigible. El art. 1390 del cód. civ. peruano dice: «si cuando se hizo la venta había perecido la cosa vendida, no hay venta...». Este es un caso particular de un contrato que tiene por objeto fundamental que una persona se obligue a transferir a otra el derecho de propiedad sobre cierta cosa mueble o inmueble y si ésta no existe cuando se celebra el contrato de compra-venta, obviamente dicho contrato no puede exigirse que se cumpla, o sea que se entregue la cosa vendida.

Si la obligación es la de entregar una cosa genérica (*genus illimitatum*), aunque hubiere perecido la cosa el deudor puede reemplazarla. Por eso el art. 1180 del cód. civ. peruano declara que «antes de la individualización de la cosa, no podrá el deudor eximirse de la entrega alegando la pérdida por caso fortuito o fuerza mayor». Empero, se trata en veces de que la cosa pertenece a un *genus limitatum* y si se comprueba que ya no existe ese género el deudor habría de quedar eximido de la entrega si acredita el caso fortuito o la fuerza mayor como causas del perecimiento de la cosa debida, o, en otro caso, su falta de culpa (negligencia).

Si la cosa es determinada (es decir, obligación de dar cosa específica, o sea no fungible, o sea cosa cierta), y esa cosa perece el deudor no podría sustituirla por otra, porque no sería igual a la cosa que ha perecido.

La imposibilidad que para cumplir se le crea al deudor puede no ser permanente, sino temporal, por lo que dicho deudor se encontraría justificado si retarda el cumplimiento (incurre en mora, pero después prueba que la demora se debió a causa de la que no es responsable)[94]. Obviamente, el deudor deberá cumplir tan luego cesa la imposibilidad. De lo contrario, responde por incumplimiento. En este caso, el acreedor invocando el art. 1257 del C.C. peruano, si la ejecución tardía de la prestación resultare sin utilidad para él, puede rechazar este pago diferido y exigir el abono de daños y perjuicios si hubo mora del deudor, pero no si la tardanza no se debió a culpa de su parte.

El deudor deberá cumplir la parte de la prestación que sea posible. Por ejemplo, si la cosa que debiera entregar hubiere perecido parcialmente o se hubiese deteriorado. El art. 1177 del cód. civ. previene: «Si la cosa mueble se deteriorase sin culpa del deudor, el acreedor podrá disolver la obligación, o recibir la cosa en el estado en que se hallare, con disminución proporcional del precio si lo hubiese». Queda a voluntad del acreedor recibir la cosa deteriorada; pero en cuanto a la disminución del precio no puede el acreedor disminuirlo en forma unilateral, sino que su determinación está subordinada al acuerdo entre el acreedor y el deudor. No existiendo acuerdo en este punto,

94 En el derecho no hay mora inculpada.

aunque el acreedor consienta en recibir la cosa tal como está ello no sería posible si pretende dar un precio que la otra parte no acepta[95]. Asimismo, debe tenerse en cuenta lo dispuesto en nuestro art. 1327 del cód. civ.: «El deudor que se libere de responsabilidad por la pérdida o destrucción de la cosa, debe ceder al acreedor cualesquiera derechos que le hubiesen quedado relativos a ella». Nótese que en este caso el deudor se libera de responsabilidad, no obstante que estaba obligado a entregar la cosa que se perdió o que resultó seriamente dañada. No obstante ello el deudor debe entregar la cosa tal como se encuentra ésta. El art. 1327, sin embargo, constituye la excepción a esta regla, ya que el acreedor puede resolver la obligación, si así lo decide, si se le pretende entregar una cosa mueble deteriorada.

De pleno derecho se le tiene al deudor por responsable de la pérdida o del deterioro de la cosa; corre a cargo de él probar que no es responsable porque la cosa (mueble o inmueble) se ha perdido o ha destruido por caso fortuito o fuerza mayor (lo dice el art. 1326 del cód. civ.), o sin su culpa (art. 1318 del cód. civ. del Perú).

No basta para liberar al deudor que exista dificultad de cumplimiento, ya que dicho deudor puede cumplir realizando un esfuerzo por más grande que éste fuere. Debe realizarlo, porque de lo contrario se le tendrá por responsable, a no ser que el esfuerzo que se le exige sea abrumador.

En derecho alemán y en derecho italiano si la dificultad de cumplimiento es porque la obligación para ser cumplida exige de su deudor una excesiva onerosidad, se puede pedir la resolución o rescisión del contrato que crea dicha obligación. Empero, en este caso no se trata de que el deudor no sea responsable por incumplir la prestación en que la obligación consiste, sino que el deudor queda exonerado de cumplir dicha obligación como consecuencia de haber desaparecido el deber de cumplirla. Esto se da en los contratos que nosotros llamamos «contratos bilaterales», que son contratos con prestaciones recíprocas; los cuales pueden rescindirse o resolverse sea por haber sido concluidos en estado de peligro, sea porque en dichos contratos existe lesión para una de las partes. La rescisión para los contratos concluidos en estado de peligro reside en que el motivo del contrato fue la necesidad de salvarse a sí mismo o a otro del peligro actual de un daño grave a la persona, por lo que la obligación se asumió en condiciones contrarias (inicuas) y que este estado de necesidad era conocido del otro contratante. Véase art. 1447, § 1° y art. 2045 del cód. civ. de Italia[96].

---

95 Judicialmente una sentencia ejecutoriada no podría señalar el cuantum de precio que el acreedor de él debe recibir.

96 Art. 1447 del cód. civ. Italiano de 1942; «Contrato concluido en estado de peligro. — El contrato mediante el que una de las partes hubiese asumido obligaciones en condiciones inicuas, por la necesidad conocida por la otra parte de salvarse a sí misma o salvar a otros

Los contratos que se rescinden por lesión patrimonial ofrecen un desequilibrio o desproporción entre la obligación que se ejecuta o que ha sido prometida y la prestación que en cambio se recibirá. Esa desproporción depende del estado de necesidad del que se aprovechó el otro contratante para conseguir una ventaja. Ese estado de necesidad ha disminuido la libertad de elección. Véase el art. 1448 del cód. civ. de Italia[97].

Para nosotros solo opera en la venta inmobiliaria y para el vendedor: art. 1439 del cód. civ. del Perú. Es solo lesión dineraria y en el *cuantum* del precio de la enajenación.

Para el art. 1148 del cód. civ. de Napoleón «no procede la indemnización de daños y perjuicios cuando, como consecuencia de fuerza mayor o del caso fortuito, el deudor hubiera sido impedido de dar o de hacer aquello a que estaba obligado, o hubiera hecho aquello que le estaba prohibido».

Y conforme al art. 1147 del mismo cód. francés si la prestación resultare imposible de cumplir «por una causa extraña no imputable al deudor», no deberá éste «*dommages et intérêts*» (o sea si existe inejecución o solo retardo en la ejecución). Planiol-Ripert y Esmein[98] expresan que el perjuicio lo experimenta el acreedor, ya que éste es un riesgo que debe sufrir, al igual que sufre el deterioro o destrucción de toda cosa (mueble o inmueble) conforme al *res perit domino* (véase art. 1302 del cód. de Napoleón). Empero, esa norma en la práctica, —agregan—, es disminuida por presunciones y porque corresponde al deudor velar porque nada obstaculice el cumplimiento de la obligación.

La culpa del deudor importa una conducta contraria a la que debería haber observado[99].

---

del peligro actual de un daño grave a la persona, podrá rescindirse a instancia de la parte que se haya obligado».
«El juez, al pronunciar la rescisión, podrá, según las circunstancias, asignar a la otra parte una retribución equitativa por la obra prestada».
Art. 2045 del cód. civ. italiano de 1942: «Estado de necesidad.— Cuando quien ha cometido el hecho dañoso ha sido constreñido a ello por la necesidad de salvar a sí mismo o a otro del peligro actual de un daño grave a la persona, y el peligro no ha sido causado voluntariamente por él ni era evitable de otra manera, al perjudicado se le debe una indemnización cuya medida se deja a la equitativa apreciación del juez».

97 Art. 1448 del cód. civ. italiano de 1942: «Acción general de rescisión por lesión.— Si hubiese desproporción entre la prestación de una de las partes y la de la otra y la desproporción dependiese del estado de necesidad de una de ellas, de la que se ha aprovechado la otra para obtener ventaja, la parte damnificada podrá demandar la rescisión del contrato».
«La lesión debe perdurar hasta el momento en que proponga la demanda».
«No podrán ser rescindidos por causa de lesión los contratos aleatorios».
«Quedan a salvo las disposiciones relativas a la rescisión de la división».

98 Trat. Práct. de D. Civ. Francés, VI, N° 377, p. 526.

99 PLANIOL-RIPERT y ESMEIN, Trat., VI, N° 379, p. 529. Cf. también BONNECASE, Supplement al Traite Theorique Et Pratique de Droit Civil de BAUDRY-LACANTINERIE, III, N° 239, p. 474. Sobre definición de la fuerza mayor Jean CARBONNIER, D. Civil, t. II, vol. 2, cap., I, p. 577.

Existen otras causas que excluyen la responsabilidad, como son el hecho del acreedor o de un tercero en general, además de la ausencia de culpa.

Por tanto, como dicen Planiol-Ripert y Esmein[100], la culpa es el elemento capital, de la responsabilidad civil. Anotan que el cód. civ. de Napoleón no la define, como hace el nuestro no bien, pero que su cód. declara que está constituida no solo por todo acto voluntario, sino por todo acto de negligencia o de imprudencia (art. 1383 del cód.. civ. francés). Consideran estos autores que la culpa aparece si el sujeto actúa de modo diverso a como debió actuar; y que los actos, cuidados y previsiones obligatorios son diversos según los casos a que se apliquen y aún tratándose de casos semejantes habrá que atenderse a la época. La culpa importa una conducta desviada observada en un acto ejecutado por persona que al tiempo de ejecutarlo tiene inteligencia y voluntad suficientes.

La responsabilidad contractual aparece cuando el deudor no quiere o no puede cumplir la obligación emergente del contrato.

Para el derecho francés no existirá responsabilidad contractual en dos hipótesis: Previene el art. 1148 del cód. civ. de Napoleón que «no procede la indemnización de daños y perjuicios cuando, como consecuencia de fuerza mayor o del caso fortuito, el deudor hubiera sido impedido de dar o de hacer aquello a que estaba obligado, o hubiera hecho aquello que le estaba prohibido». Y en el art. 1147 del mismo cód. se dice que si la imposibilidad de cumplir se debe a una «causa extraña no imputable al deudor, el incumplimiento y el perjuicio que del mismo se derive para el acreedor constituyen un riesgo que éste debe sufrir, al igual que sufre el deterioro o la destrucción por hecho natural, de un bien corporal de su propiedad (art. 1302 del cód. civ. francés) (*res perit domino*)[101].

La doctrina germana sobre obligación imposible es, a mi juicio, aprovechable y susceptible de ser invocada *in integrum*, en el derecho peruano. El art. 1318 del cód. civ. declara: «La obligación se extingue cuando la prestación llega a ser imposible sin culpa del deudor». Y la buena fe en la ejecución del contrato puede ser también invocada por nosotros, conjugando el art. 1318 con el art. 1328 de nuestro cód. civ., por el que los contratos se ejecutarán «según las reglas de la buena fe». Es evidente que los abogados y el poder administrador de la justicia no han interpretado ni aplicado este principio de la buena fe, que prácticamente permanece en la ley en situación de atonía y en estado virgen.

---

[100] Trat. Práctico de D. Civ. francés, VI, Las obligaciones, N° 477, p. 666. Véase también N° 505, p. 707 s. id.

[101] Cf. M. PLANIOL-J. RIPERT y Pablo Esmein, Trat. Prác. de D. Civ. francés, VI, N° 377, p. 526.

Como se comprobará después, Italia ha adoptado la doctrina germana en su nuevo cód. civ. (1942). Así su art. 1218 establece la excepción de la responsabilidad del deudor si la obligación resultara imposible por causa que no le es imputable. El § 275 del cód. civ. alemán legisla sobre la obligación cuyo cumplimiento es imposible como consecuencia de alguna circunstancia de la que no habrá de responder dicho deudor, que sobreviene después del nacimiento de la obligación. Existe equivalencia conceptual en las frases «causa no imputable al deudor» y «circunstancia de la que no ha de responder el deudor»; y de ambas resulta la imposibilidad de la prestación en que la obligación consiste.

Ello no obstante, ninguno de estos dos códigos ha eliminado los conceptos del caso fortuito y de la fuerza mayor, que son acaeceres que originan la causa no imputable al deudor o la circunstancia de la que dicho deudor no habrá de responder.

En el derecho alemán no existe una regla general como la del art. 1319 del cód. civ. peruano, por la que el deudor no responde de los daños y perjuicios resultantes del caso fortuito y de la fuerza mayor. El § 276 de su cód. civ. previene que el deudor responde de su dolo y de su culpa e incurre en culpa quien desatiende la diligencia exigible en el tráfico. Y al tratar de la resolución o rescisión, el § 350 del BGB preceptúa: «La resolución no se excluye por la circunstancia de que el objeto que haya recibido el titular (o sea quien demanda la resolución) haya perecido por caso fortuito».

Asimismo, en el derecho germano no se da la consecuencia que ocurre en nuestro derecho con respecto a la compra-venta inmobiliaria. Para nosotros, basta el contrato de compra-venta para transferir del vendedor del inmueble al comprador del mismo, el derecho de propiedad, aunque el precio todavía no hubiere sido pagado ni el predio entregado. Por tanto, la pérdida o destrucción parcial del inmueble antes de la tradición la sufrirá el comprador, por aplicación del principio *res perit domino.* El simple contrato de venta transfiere el dominio del inmueble al comprador, por disponerlo así el art. 1172 del cód civ. A estos respectos, el § 323 del BGB declara que si la prestación que incumbe a una parte, en un contrato bilateral (de prestaciones recíprocas), se hace imposible a causa de alguna circunstancia de la que no responde dicha parte (porque no incurrió ni en dolo ni en culpa), perderá su pretensión a que se le pague la contraprestación; y si la otra parte (que debía la contraprestación) recibe indemnización por la destrucción del objeto debido, deberá cumplir con la contra-prestación.

La teoría del riesgo también ha sido modificada por el Anteproyecto de cód. civ. del Brasil del año 1972. El art. 487, que está dentro del contrato de compra-venta, dispone:

«Até o momento da tradiçao, os riscos da coisa correm por conta do vendedor, e os do prego por conta de comprador».

Sobre obligación imposible el BGB contiene los siguientes preceptos:

§ 275.— «El deudor queda libre de la obligación a la prestación siempre que ésta se haga imposible a consecuencia de alguna circunstancia de la que no ha de responder, ocurrida después del nacimiento de la relación obligatoria».

«A una imposibilidad sobrevenida después del nacimiento de la relación obligatoria se equipara la imposibilidad del deudor para la prestación sobrevenida con posterioridad». (Es de presumir que la traducción no es buena).

§ 279.— «Si el objeto debido está determinado solo según el género, el deudor, en tanto la prestación del género sea posible, ha de responder de su imposibilidad a la prestación, incluso si no le es imputable culpa alguna» (Véase el art. 1180 de nuestro Cód. civ., sobre obligaciones de dar cosas genéricas).

§ 280.— «Siempre que la prestación se haga imposible a consecuencia de una circunstancia de que ha de responder el deudor, éste ha de indemnizar al acreedor el daño causado por el no cumplimiento».

«En el caso de imposibilidad parcial, el acreedor, rechazando la parte de prestación aún posible, puede exigir indemnización de daños a causa del no cumplimiento de toda la obligación, si el cumplimiento parcial no tiene para él ningún interés. Se aplican oportunamente las disposiciones existentes en los parágrafos 346 a 356 para el derecho de resolución convencional» (Véase el art. 1257 de nuestro cód. civ., que se refiere a la hipótesis de mora del deudor).

§ 281.— «Si a consecuencia de la circunstancia que hace imposible la prestación obtiene el deudor una indemnización o una pretensión de indemnización por el objeto debido, el acreedor puede exigir la entrega de lo recibido como indemnización o la cesión de la pretensión de indemnización».

«Si el acreedor tiene pretensión a la indemnización de daños a causa de no cumplimiento, si hace uso de los derechos señalados en el párrafo primero, se aminora la indemnización que ha de pagársele en el valor de la indemnización o prestación de la indemnización obtenida».

§ 282.— «Si es litigioso el hecho de si la imposibilidad de la prestación es consecuencia de una circunstancia de que ha de responder el deudor, la carga de la prueba corresponde a éste».

§ 283.— «Si el deudor está condenado en firme, el acreedor puede señalarle un plazo oportuno para la efectuación de la prestación con la declaración de que después del transcurso del plazo rehusará la aceptación de la prestación. Después del transcurso del plazo, el acreedor puede exigir indemnización de daños a causa de no cumplimiento, siempre y cuando que no sea efectuada la prestación en tiempo oportuno; la prestación al cumplimiento está excluida. La obligación de indemnización de daños no tiene lugar si la prestación se hace imposible a causa de una circunstancia de la que no ha de responder el deudor».

«Si hasta el transcurso del plazo la prestación es solo en parte efectuada, corresponde al acreedor también el derecho señalado en el parágrafo 280, párrafo 2°».

§ 306.— «Un contrato dirigido a una prestación imposible es nulo».

§ 307.— «Quien en el momento de la conclusión de un contrato que está dirigido a una prestación imposible conoce o debe conocer la imposibilidad de la prestación, está obligado a la indemnización del daño que la otra parte sufra por la circunstancia de que confía en la validez del contrato, no sobrepasando, sin embargo, la suma del interés que la otra parte tiene en la validez del contrato. No se produce la obligación de indemnización si la otra parte conoce o debe conocer la imposibilidad».

«Estas disposiciones se aplican oportunamente sí la prestación solo es imposible en parte y el contrato es válido en relación a la parte posible, o si es imposible una de entre varias prestaciones prometidas para elegir».

§ 308.— «La imposibilidad de la prestación no obsta a la validez del contrato, si dicha imposibilidad puede ser suprimida y el contrato se ha concluido para el caso de que la prestación se haga posible».

«Si es prometida una prestación imposible bajo otra condición suspensiva o bajo señalamiento de un término inicial, es válido el contrato si la imposibilidad desaparece antes del cumplimiento de la condición o del término».

§ 323.— «Si la prestación que incumbe a una parte, derivada de un contrato bilateral, se hace imposible a consecuencia de una circunstancia de la que no ha de responder ni ella ni la otra parte, pierde la pretensión a la contraprestación; siendo parcial la imposibilidad se aminora la contraprestación de conformidad con los parágrafos 472 y 473».

«Si la otra parte exige, según el parágrafo 281, entrega de la indemnización obtenida por el objeto debido o cesión de la pretensión de indemnización, queda obligada a la contraprestación; ésta se aminora, sin embargo, de conformidad con los parágrafos 472 y 473, en la medida que el valor de la indemnización o de la pretensión de indemnización quede por debajo del valor de la prestación debida».

«Siempre que se haya efectuado la contraprestación no debida según estas disposiciones, lo pagado puede ser repetido según las disposiciones sobre la entrega de un enriquecimiento injusto».

§ 325.— «Si la prestación que incumbe a una parte, derivada de un contrato bilateral, se hace imposible a consecuencia de una circunstancia de la que ha de responder, la otra parte puede exigir indemnización de daños a causa de no cumplimiento o desistir del contrato. En caso de imposibilidad parcial, si el cumplimiento parcial del contrato no tiene para ella interés alguno, está autorizado a exigir indemnización de daños a causa de no cumplimiento de toda la obligación, de conformidad con el parágrafo 280, párrafo 2°, o a desistir de todo el contrato. En lugar de la pretensión de indemnización de daños y del derecho de resolución puede también hacer valer los derechos señalados para el caso del parágrafo 323».

«Lo mismo vale en el caso del parágrafo 283 si la prestación no es efectuada hasta el transcurso del plazo o si en este tiempo no está realizada en parte».

Debemos grabarnos la idea de que el deudor no responde si la obligación se extingue por caso fortuito o fuerza mayor, pero también no responde si no ha incurrido en culpa y ello no obstante que la obligación se ha extinguido.

Es claro, asimismo, que la falta de culpa en el deudor puede deberse a la conducta que ha observado, o, en otra hipótesis, a la existencia de un caso fortuito o una fuerza mayor.

Respecto de la culpa el BGB contiene los siguientes parágrafos:

§ 276 – «El deudor, en tanto no esté determinada otra cosa, ha de responder del dolo y de la culpa. Obra culposamente quien desatiende la diligencia exigible en el tráfico. Se aplican las disposiciones de los parágrafos 827 y 828».

«La responsabilidad a causa de dolo no puede ser anticipadamente dispensada al deudor».

§ 277.– «Quien únicamente ha de responder de aquella diligencia que suele emplear en sus propios asuntos, no queda libre de responsabilidad a causa de culpa grave».

§ 278.– «El deudor ha de responder con el mismo alcance que en la culpa propia de la culpa de su representante legal y de la de las personas de que se sirve para el cumplimiento de su obligación. No se aplica la disposición del parágrafo 276, párrafo 2°».

§ 279.– «Si el objeto debido está determinado solo según el género, el deudor, en tanto la prestación del género sea posible, ha de responder de su imposibilidad a la prestación, incluso si no le es imputable culpa alguna».

Los parágrafos 827 y 828 regulan los actos ilícitos, pero como expresa el § 276, se aplican en la responsabilidad contractual también.

§ 827.– «Quien causa a otro un daño en estado de inconsciencia o en un estado de perturbación enfermiza de la aptitud mental que excluya la libre determinación de la voluntad, no es responsable de dicho daño. Si se ha colocado en un estado transitorio de esta naturaleza, por haber ingerido bebidas alcohólicas o por otros medios semejantes, es responsable por un daño que cause antijurídicamente en este estado, de la misma forma que si le fuese imputable culpa; la responsabilidad no tiene lugar si ha caído sin culpa en tal estado».

§ 828.— «Quien no ha cumplido los siete años de edad no es responsable por un daño que ocasione a otro».

«Quien ha cumplido los siete años de edad, pero no los dieciocho, no es responsable por un daño que ocasione a otro, si en el momento de la perpetración del acto dañoso no tiene el discernimiento necesario para darse cuenta de la responsabilidad. Lo mismo vale de un sordomudo».

La extinción de la obligación porque la prestación en que ella consiste resulta imposible, no deriva responsabilidad para el deudor siempre que éste no hubiere tenido culpa de la imposibilidad. *Prima facie* al deudor se le tiene por culpable si la prestación se torna imposible.

Tratándose del cumplimiento de obligaciones genéricas de dar, es difícil pero no imposible que la prestación desaparezca por imposibilidad sin culpa del deudor, ya que éste puede entregar otras cosas de la misma especie y calidad, siempre que dichas cosas no hubieren sido ya individualizadas: art. 1180 cód. civ. Para Hedemann[102] el deudor no quedaría liberado de cumplir la prestación que se tornó imposible en las obligaciones genéricas si la imposibilidad es solo subjetiva. En estas obligaciones genéricas el deudor soporta un riesgo mayor, aunque goza de mayor libertad para cumplir. El riesgo está en que ha de reemplazar la cosa con otra del mismo género y si no lo tiene, deberá buscar la cosa en otra parte. Lo mismo ocurre en las alternativas: art. 1197, inc. 1°, cód. civ. Perú.

La imposibilidad no libera al deudor de pagar daños y perjuicios si al producirse se encontraba en mora: art. 1256 cód. civ. Perú. Este es principio de derecho universal.

Para Enneccerus-Lehmann[103] debe entenderse como imposible en sentido literal, la prestación que no puede cumplirse en absoluto. V. g., la dación de una cosa que ya ha perecido. Si la prestación es posible pero el deudor no se encuentra en situación de cumplirla, el BGB habla solo de la ineptitud del deudor. Agregan que esto resulta más exacto que las expresiones «imposibilidad objetiva» e «imposibilidad subjetiva». Los romanos llamaban a la ineptitud para la prestación *causa difficultatis*.

---

102 Trat. de D. Civ., vol. III, D. de ObL., § 20, II, p. 171.
103 Trat. de D. Civ., t. II, D. de Obl., vol. 1, § 29, tex. y n. 1 de la p. 152.

La imposibilidad no puede ser confundida con solo la dificultad, a no ser que los obstáculos que se oponen al cumplimiento de la prestación son tan grandes que imponen al deudor sacrificios desproporcionados. Todo ello se determina según la buena fe y teniendo en cuenta los usos del tráfico.

La dificultad desproporcionada se equipara a la imposibilidad: § 242 BGB. Por ejemplo, la cosa caída en el mar puede ser reflotada mediante trabajos de buzo muy costosos y realmente desproporcionados. El edificio puede levantarse pero con bases de 50 metros de profundidad por razón de que se encontró suelo deleznable.

La prestación que debe una persona no puede serle exigida si solo puede realizarla venciendo enormes dificultades.

En Alemania hay quienes creen que la dificultad excesiva debe invocarse como excepción, pero otros consideran que procede la resolución (resiliación) o la denuncia.

La imposibilidad o la ineptitud del deudor para ejecutar la prestación que adeuda puede darse al perfeccionarse el contrato, o si se trata de legados, por ejemplo, al tiempo de la apertura de la sucesión o aparecer posteriormente.

El contrato por el que se promete una prestación imposible es nulo en el derecho germano: § 306. *Impossibilium nulla est obligatio.*

El § 242 del BGB que cita ENNECCERUS-LEHMANN al equiparar la imposibilidad a la dificultad realmente desproporcionada ante la cual se encuentra el deudor para cumplir con la prestación, previene: «El deudor está obligado a efectuar la prestación como exigen la fidelidad y la buena fe en atención a los usos del tráfico».

Para ENNECCERUS-LEHMAN[104] la liberación del deudor por imposibilidad subsiguiente de la prestación, ello ocurre cuando dicha imposibilidad no es imputable al deudor, sea que se trate de imposibilidad objetiva o de mera imposibilidad subjetiva. Citan en su apoyo el § 275, ap. 1 y 2 del BGB. Cita como ejemplos de imposibilidad no culposa si la causa del incumplimiento reside no en la falta de medios pecuniarios, sino en que la cuba ha sido robada sin culpa del deudor, o si por imposibilidad de medios de transporte no se puede ejecutar la prestación sino dentro de cierto plazo.

Agregan ENNECCERUS-LEHMAN[105] que una dificultad extraordinaria para cumplir importa un imposibilidad liberatoria del deudor, conforme al § 242 del BGB. Pero que esa dificultad extraordinaria no produce de hecho una liberación automática del deudor, porque se deja al deudor que delibere si le conviene cumplir o si invoca la excesiva dificultad para sustraerse a la obligación que debe.

---

[104] Trat. de D. Civ., t. II, D. de obl., vol. I, § 46, p. 236 ss.
[105] Trat. de D. Civ., t. II, D. de obl., vol. 1, § 46, N° 2, p. 237.

Estos autores examinan el caso de obligaciones recíprocas (contrato bilateral) y expresan que el deudor también habrá de liberarse, pero el acreedor puede exigir la indemnización que el deudor hubiere recibido por concepto de la prestación desaparecida, o la pretensión de indemnización que el deudor tendría derecho a obtener a causa de la desaparición. Asimismo, el acreedor, por su parte, se libera de la prestación que a él le respecta pagar y si ya la pagó tiene derecho a repetir por el enriquecimiento indebido o injusto que ha experimentado el que recibió el pago. Cita § 325, ap. 3; cf. § 812, ap. 1 pro. 2, ambos del BGB. Esta solución es distinta de la de nosotros, con respecto a la venta inmobiliaria y del derecho romano para toda clase de ventas, ya que el riesgo lo soportaría el comprador por virtud del principio *res perit domino*[106].

La imposibilidad de la prestación en que la obligación consiste puede presentar en el derecho germano, las siguientes consecuencias:

1.– Supuesto en que el deudor no responde;

2.– Supuesto en que el deudor responde; y

3.– Supuesto en que el deudor puede reclamar indemnización de un tercero.

También en el derecho alemán se examina el caso de la prestación imposible cuando se trata de contratos bilaterales (con prestaciones recíprocas), en que se dan estas hipótesis:

1.– Ninguna de las partes contratantes responde de la imposibilidad;

2.– El acreedor es el que responde de la imposibilidad; y

3.– El deudor es el que responde de la imposibilidad de la prestación.

Veamos los diversos casos:

1.– Si el deudor no responde de la imposibilidad, en Alemania se aplica el § 275 del BGB, que declara:

«El deudor queda libre de la obligación a la prestación siempre que ésta se haga imposible a consecuencia de alguna circunstancia de la que no ha de responder, ocurrida después del nacimiento de la relación obligatoria».

«A una imposibilidad sobrevenida después del nacimiento de la relación obligatoria se equipara la imposibilidad del deudor para la prestación sobrevenida con posterioridad». (¡Qué horrible traducción!).

Se exceptúa las obligaciones de dar cosas genéricas cuando solo concurre una imposibilidad subjetiva (Para nosotros, véase art. 1180 del cód. civ.).

---

106 Trat. de D. Civ., t. II, D. de obl., vol. 1, § 46, Nº III, p. 239 ss.

2.— Si el deudor responde de la imposibilidad deberá pagar los daños y como no es posible la restitución in natura la indemnización se abonará en dinero y ella no solo comprende el daño, sino el *lucrum cessans.*

El § 280 del BGB dispone:

«Siempre que la prestación se haga imposible a consecuencia de una circunstancia de que ha de responder el deudor, éste ha de indemnizar al acreedor el daño causado por el no cumplimiento».

«En el caso de imposibilidad parcial, el acreedor, rechazando la parte de prestación aún posible, puede exigir indemnización de daños a causa del no cumplimiento de toda la obligación, si el cumplimiento parcial no tiene para él ningún interés. Se aplican oportunamente las disposiciones existentes en los parágrafos 346 a 356 para el derecho de resolución convencional».

La hipótesis de pago parcial no la regula nuestro cód. civ., sino el caso de que el deudor pretende pagar estando en mora. Su art. 1257 previene:

«Cuando por efecto de la morosidad del deudor, la obligación resultare sin utilidad para el acreedor, podrá éste rehusar su ejecución, y exigir el pago de daños y perjuicios».

Y con respecto a la carga de la prueba dispone el § 282 del BGB:

«Si es litigioso el hecho de si la imposibilidad de la prestación es consecuencia de una circunstancia de que ha de responder el deudor, la carga de la prueba corresponde a éste». (Esta es otra traducción ocasionada a dificultades. Más claro sería expresar: «Si existen dudas acerca de si la imposibilidad es imputable al deudor, a éste incumbe la carga de la prueba».

3.— Caso en que el deudor ha recibido o habrá de recibir indemnización de un tercero. El acreedor puede reclamar para sí dicha indemnización, por aplicación de lo que los autores de derecho en Alemania, llaman «principio de subrogación».

El § 281 del BGB dice:

«Si a consecuencia de la circunstancia que hace imposible la prestación obtiene el deudor una indemnización o una pretensión de indemnización por el objeto debido, el acreedor puede exigir la entrega de lo recibido como indemnización o la cesión de la pretensión de indemnización».

«Si el acreedor tiene pretensión a la indemnización de daños a causa de no cumplimiento, si hace uso de los derechos señalados en el párrafo primero, se aminora la indemnización que ha de pagársele en el valor de la indemnización o prestación de la indemnización obtenida» (otro ejemplo de mala traducción, pero se entiende que si al acreedor se le debe una suma mayor como indemnización por los daños, se le imputa como pago parcial lo que consiguió al subrogarse).

En nuestro cod. civ, el asegurador se subroga si el incendio de la finca locada ocurre por culpa del arrendatario: art. 1522 cód. civ. Por lo demás, el arrendatario no se exime de responsabilidad por el incendio del predio por su ausencia de culpa. Necesita para liberarse probar el caso fortuito, o la fuerza mayor o el vicio de construcción: art. 1518 cód. civ. También el principio de la subrogación lo encontramos en nuestro derecho mercantil. Así, en el seguro contra incendio el asegurador después del pago se subroga contra los responsables del siniestro: art. 408 del cód. de com.; y la misma subrogación se opera para el asegurador del transporte terrestre: art. 428 del cód. de com. No se ha legislado la subrogación del asegurador de los riesgos por actos ilícitos.

En general, en derecho alemán el contrato es nulo no obstante que en su perfeccionamiento se hubiere observado la forma exigida por la ley, si la prestación en él contenida es imposible. El § 306 del BGB declara «Un contrato dirigido a una prestación imposible es nulo». En este caso se trata de prestación que es imposible desde el comienzo y no sobreviniente, es decir, al tiempo de celebrarse el contrato. Es imposibilidad originaria[107]. El vendedor en caso de menoscabo no está obligado a aceptar el precio rebajado que quiera darle el comprador, ni menos puede establecerse el importe a pagar mediante decisión judicial firme dictada en proceso ordinario. Si el vendedor no acepta la rebaja no habría venta. Adviértase que nos referimos al supuesto de que la obligación de dar la cosa vendida resultó imposible desde el principio, pero sin culpa del vendedor, quien ignoraba el detrimento de la cosa que vendió como buena. Para la doctrina alemana la imposibilidad es objetiva, no subjetiva (o sea, referida al deudor). Ejemplo: obligarse a dar una cosa inexistente por destrucción previa; pero será imposibilidad subjetiva si se transfiere la propiedad de una cosa inmueble de la que no se es dueño; o si alguien se obliga a poner en posesión de un predio que otro posee y que no habrá de consentir en la desposesión[108]. En estos casos, el deudor está obligado a indemnizar daños y perjuicios, ya que la imposibilidad es tan solo subjetiva. La venta de la cosa ajena no es en nuestro derecho nula, sino anulable según el art. 1394 cód. civ. y constituye justo título hábil para usucapir decenalmente.

Conviene tener en cuenta que si bien la venta de la cosa que no existe es nula (el art. 1390 del cód. civ. peruano dice que en este caso no habrá venta), ello no ocurre con la cesión de créditos, ya que el acreedor cedente responderá al acreedor cesionario de la existencia del crédito materia de la cesión (lo dice el art. 1458 del cód. civ., en cuanto obliga al acreedor que cede a sanear la existencia del crédito al tiempo de la enajenación. La misma solución se en-

[107] Para el cód. civ. peruano si en la venta la cosa había perecido antes, no habría venta: art. 1390. Resulta imposible la obligación de dar la cosa.

[108] Karl LARENZ, D. de Obligaciones, I, § 7, I, p. 101 s.

cuentra en el § 437 del BGB: «El vendedor de un crédito o de otro derecho responde de la existencia jurídica del crédito o del derecho»[109].

Obviamente, nadie puede cumplir una obligación objetivamente imposible, ya que el contrato carece de objeto y de sentido, si la imposibilidad es originaria y no sobreviniente.

Por el contrario, el deudor de la obligación responderá si al perfeccionar el contrato conocía o debería haber conocido que la prestación era imposible. Y esa responsabilidad se traduce en el pago de la indemnización de daños y perjuicios.

Debe siempre tenerse en cuenta que el art. 1318 de nuestro cód. civ., que declara la extinción de la obligación por resultar su prestación imposible sin culpa del que la debe, no se refiere a la hipótesis que hemos estado tratando, que es de que la prestación sea de imposible cumplimiento desde o antes que el contrato quedó concluido.

Karl LARENZ[110], —al hablar de lo que llama «contrato obligatorio» (para nosotros, todo contrato, obliga)—, expresa que es nulo aunque se perfeccionara observando la formalidad exigida por la ley si contiene una prestación (obligación) imposible; y cita en su apoyo el § 306 del BGB. Dice que tendrá eficacia si la imposibilidad pudiera ser evitada y el contrato se hubiere perfeccionado para el supuesto de que la prestación se hiciera posible (§ 308, ap. I del BGB).

Agrega LARENZ que el dispositivo 306 no es tan importante como parece ser. Solo se refiere a que la imposibilidad de la obligación lo sea desde el comienzo, o sea al tiempo de concluir el contrato (imposibilidad inicial u originaria), pero no comprende el precepto que la imposibilidad aparezca en

---

109 El § 307 del BGB previene: «Quien en el momento de la conclusión de un contrato que está dirigido a una prestación imposible, conoce o debe conocer la imposibilidad de la prestación, está obligado a la indemnización del daño que la otra parte sufra por la circunstancia de que confía en la validez del contrato, no sobrepasando, sin embargo, la suma del interés que la otra parte tiene en la validez del contrato. No se produce la obligación de indemnizar si la otra parte conoce o debe conocer la imposibilidad».
«Estas disposiciones se aplican oportunamente si la prestación solo es imposible en parte y el contrato es válido en relación a la parte posible, o si es Imposible una de entre varias prestaciones prometidas para elegir» (Para nosotros véase en obligaciones alternativas el art. 1197 del cód. civ.).
Asimismo, en cuanto a la obligación de dar la cosa vendida si el vendedor retarda la entrega de la cosa (no si hubiere la imposibilidad de entregarla), el art. 1406 del cód. civ. declara: «No tiene el comprador derecho a los Impuestos y gastos, ni a reparación de perjuicios, ni a intereses, si al tiempo del contrato conocía el obstáculo de que ha provenido la demora de entrega». Nuestro código carece de una regla general como la del § 307 que regula no el simple retardo sino la imposibilidad de ejecutar la prestación.

110 Derecho de Obligaciones, I, § 7, N° I, p. 101.

la obligación cuando ya el contrato está perfecto (imposibilidad subsiguiente o sobrevenida), para la que rigen los § § 275 y 280. También anota que el § 306 solo se aplica cuando la obligación sea «objetivamente» imposible. Ejemplo: obligación de dar una cosa que no existe porque se destruyó hace tiempo, o que el deudor esté constreñido a cumplir una obligación físicamente imposible, como la de atravesar a nado el Océano Atlántico. Habría, en cambio, imposibilidad «subjetiva» si el deudor debe entregar en propiedad al acreedor una cosa de la que todavía no es dueño; o si se ha obligado a ceder la posesión de un predio que se encuentra poseído por una tercera persona. Si esta imposibilidad es temporal el deudor deberá cumplir la obligación tan luego pueda hacerlo, debiendo indemnizar, además, los daños causados por la demora.

Si la obligación solo es subjetivamente imposible de cumplir, o sea que el incumplimiento obedece a la ineptitud del deudor, el contrato es eficaz y válido. En el caso de simple ineptitud siempre está obligado el deudor. Larenz[111] razona que no sería lógico decir que obligarse a ejecutar una prestación imposible resulta inadmisible, porque podría acontecer que la ley siempre mantuviera la validez del contrato y que el deudor fuera obligado a pagar el valor de la prestación.

Larenz[112] agrega que tampoco la nulidad puede radicar en que ambas partes han incurrido en error sobre la imposibilidad de la prestación, porque con excepción de la hipótesis planteada por el § 308 del BGB, la nulidad también existe aún en el caso de que los contratantes tengan conciencia de la nulidad. Larenz considera que el contrato que tiene por objeto una prestación imposible es nulo porque desde un principio no tiene finalidad; y carece de sentido y de objeto. La imposibilidad no solo existe para determinado deudor sino para cualquier deudor. Nadie puede atravesar a nado el océano Atlántico. Empero, si hay alguien que puede cumplir la prestación que solo para el deudor singular es imposible, se puede confiar en que el deudor sindicado habrá de cumplirla.

Prestación objetivamente imposible es si se celebra la venta de una mercadería que ha desaparecido porque el barco en que era transportada ya ha naufragado al tiempo en que el vendedor se obliga a entregarla. Sin embargo, esa mercancía puede ser extraída del fondo del mar mediante buzos y haciendo un desembolso que excede del valor venal de la mercancía. También Larenz considera prestación objetivamente imposible si el vendedor de la cosa sufrió el hurto de ella antes de perfeccionar el contrato de compra-venta y prácticamente es irrecuperable teniendo en cuenta los medios de investigación policial existentes. Para nosotros, el hurto revela siempre negligencia del que lo sufre.

---

111 Derecho de Obligaciones, I, § 7, N° 1, p. 102.
112 Derecho de obligaciones, I, § 7, p. 102.

En Alemania, asimismo, los tribunales deciden que aún cuando el deudor probase que no fue negligente al desconocer que la cosa que enajenaba no era suya está siempre obligado a indemnizar. La doctrina alemana opina por el deber de indemnización porque el deudor debe una garantía legal e incondicional para el deudor y que es la de cumplir la prestación[113].

Ejemplos de imposibilidad objetiva son ceder un derecho intrasmisible, como el usufructo (§ 1059 BGB); o constituir una prenda sin transmitir la posesión de la cosa prendada. Habrá ineptitud (imposibilidad subjetiva) si dispone de una cosa quien no tiene poder de disposición sobre dicha cosa. En cambio, habría imposibilidad objetiva quien recibe el derecho de propiedad de una cosa de la que es dueño.

El § 1059 del BGB dispone:

«El usufructo no es transmisible. El ejercicio del usufructo puede ser cedido a otra persona».

Larenz[114] amplía esta cuestión de la imposibilidad sobreviniente de la obligación, o sea cuando la prestación resulta objetivamente imposible y es irrealizable para cualquier deudor. V.g., no se puede cumplir con entregar una cosa que hubiere desaparecido antes de la entrega; o se ha obligado el deudor a hacer un cuadro y poco después se vuelve ciego; o se ha dispuesto por el gobierno que determinadas cosas no se puedan enajenar por cierto término. También debe considerarse imposible el cumplimiento de una prestación si solo puede cumplirse ésta empleando medios desproporcionados y que no pueden ser tenidos en cuenta en el tráfico. Por ejemplo, si alguien se obliga a entregar un anillo caído en el mar, es evidente que habría que incurrir en gastos tan costosos para tratar de cumplir con entregarlo. Una vez cumplida la prestación de la que no responde el deudor, si después de perfeccionado el contrato de compra-venta del inmueble, el comprador es privado de su propiedad y posesión por efecto de la expropiación forzosa.

Larenz considera que la obligación no es imposible de cumplir si solo existe para ser ejecutada un obstáculo por cierto tiempo. Por ejemplo, una huelga de los obreros del transporte impide la expedición de la cosa, o si el pintor que debe entregar en cierta fecha el cuadro, padece imprevistamente de una dolencia y solo después podrá concluir el cuadro.

También trata Larenz[115] de ciertas prestaciones que solo pueden ser cumplidas en un tiempo determinado o dentro de un corto plazo, porque de ser ejecutadas en fecha distinta no cumplirían la finalidad a que están destinadas V.g., una cantante se obliga a presentarse en un concierto que se da en fecha

---

113 Karl LARENZ, Derecho de Obligaciones, I, § 7, p. 104.

114 Derecho de Obligaciones, I, § 20, N° I, p. 300 ss.

115 Derecho de Obligaciones, I, § 20, N° I, p, 302 s.

determinada y no puede presentarse en el teatro en esa fecha, razón por la que la obligación que asumió deviene imposible. A estos contratos los denomina el autor alemán «contratos sinalagmáticos puros», para distinguirlos de los «contratos sinalagmáticos relativos» o «simples». En estos últimos contratos, la prestación debe cumplirse en fecha señalada precisamente, pero puede ejecutarse con posterioridad. Tratándose de un contrato bilateral, el BGB concede al acreedor el derecho de retención con respecto a la obligación que él, a su vez, debe. Si el acreedor no desiste de su derecho, el deudor deberá cumplir la prestación posteriormente. Sobre el derecho de retención del acreedor en el contrato bilateral, declara el § 361 del BGB:

«Si en un contrato bilateral está estipulado que la prestación de una parte debe ser realizada exactamente en un tiempo prefijado o dentro de un plazo preestablecido, en la duda ha de entenderse que la otra parte debe estar autorizada a la resolución si la prestación no se realiza en el tiempo determinado o dentro del plazo fijado.

Nuestro cód. civ. en su art. 1254 declara:

«Incurre en mora el obligado, desde que el acreedor le exija judicial o extrajudicialmente el cumplimiento de su obligación.

«Empero, no será necesaria la intimación del acreedor para que la mora exista:

«1° Cuando la ley o el pacto lo declaren expresamente;

«2° Cuando de su naturaleza o circunstancias resultare que la designación de la época en que había de entregarse la cosa, o hacerse el servicio, fue motivo determinante para establecer la obligación».

Es evidente que el caso a que se refiere el inc. 2° no es de mora, sino de inejecución total por imposibilidad de cumplir la prestación. No es posible concebir que el deudor pueda ser autorizado por la justicia a pagar la obligación después de la fecha señalada.

En cuanto al inc. 1° se trata de la mora contractual expresa; o de la mora automática (por efecto del dispositivo legal). En este último caso, si después de rendir la cuenta el tutor (o el curador, por aplicación del art. 558 del cód. civ. peruano), resultara debiendo dinero al menor o al incapaz, en general, dicha deuda devenga de pleno derecho intereses legales después de un mes que hubiere cesado en el cargo. No se necesita requerimiento.

Larenz[116] examina la imposibilidad de la obligación no ya por culpa del deudor, sino por culpa del acreedor. Ejemplo: el acreedor procede a destruir la cosa que ha comprado, antes de que el vendedor se la entregue. En el caso de contrato unilateral (con obligación de un solo lado), no existen dificultades,

116 Derecho de Obligaciones, I, § 24, N° III, p. 388.

por aplicación del § 275 del BGB. Empero, si el contrato es bilateral (obligaciones recíprocas), se aplica el § 324, I, del BGB, por el cual el deudor continúa conservando su derecho a la contra-prestación. Así por ejemplo, el vendedor tiene derecho a reclamar el precio de la compra-venta que el acreedor-comprador le debe sin que éste tenga derecho a reclamar la cosa que ha destruido antes de serle entregada.

§ 324, I del BGB:

«Si la prestación que incumbe a una parte, derivada de un contrato bilateral, se hace imposible a consecuencia de una circunstancia de la que ha de responder la otra parte, conserva aquélla su pretensión a la contraprestación. Debe, sin embargo, tolerar que se le impute aquello que ahorre a causa de la liberación de la prestación o aquello que adquiera o deje maliciosamente de adquirir mediante ulterior utilización de su actividad de trabajo».

«Lo mismo vale si la prestación que incumbe a una parte se hace imposible a consecuencia de una circunstancia de la que no ha de responder, en un tiempo en el que la otra parte está en mora en cuanto a la aceptación».

Si la obligación resulta imposible de cumplir en forma definitiva, a consecuencia de una circunstancia de la cual ha de responder el deudor según los § § 276-278 BGB, dicho deudor no se libera, sino que debe indemnizarle al acreedor por los daños que ha sufrido debido a su incumplimiento: § 280,1 del BGB. Este último precepto declara: «Siempre que la prestación se haga imposible a consecuencia de una circunstancia de que ha de responder el deudor, éste ha de indemnizar al acreedor el daño causado por el no cumplimiento».

«En el caso de imposibilidad parcial, el acreedor, rechazando la parte de prestación aún posible, puede exigir la indemnización de daños a causa del no cumplimiento de toda la obligación, si el cumplimiento parcial no tiene para él ningún interés. Se aplican oportunamente las disposiciones existentes en los parágrafos 346 a 356 para el derecho de resolución convencional».

La obligación (crédito) del acreedor subsiste; y solo cambia en su contenido. La indemnización normalmente es en dinero (en el Perú lo es siempre). En Alemania la indemnización puede consistir en una cosa igual a la que se debe, si ésta es de naturaleza fungible. (Lo mismo ocurre en nuestro derecho peruano, con respecto a las obligaciones de dar cosas genéricas y no específicas). Nótese que esta facultad de dar cosas fungibles no supone, como cree LARENZ, que es la indemnización del daño sufrido por el acreedor, sino que se trata del cumplimiento de la obligación de dar cosas no ciertas, en que el deudor cumplirá y el acreedor no podrá exigir sino cosas de calidad media: art. 1179, I y II del cód. civ. peruano.

LARENZ[117] anota que el acreedor, —comprador por ejemplo—, puede exigir el *commodum subrogatus*. Así, si el vendedor, deudor de la cosa, la vende. En este caso, el comprador- acreedor puede reclamar el precio que hubiere obtenido el vendedor por vender la cosa que ya había vendido; pero en tal supuesto, se reducirá la indemnización de daños y perjuicios que reclame el comprador, en la cantidad que por este concepto hubiere percibido.

Con respecto a la obligación de dar cosas genéricas el § 279 del BGB establece:

«Si el objeto debido está determinado solo según el género, el deudor, en tanto la prestación del género sea posible, ha de responder de su imposibilidad a la prestación, incluso si no le es imputable culpa alguna».

Y el § 243 del BGB mantiene en cuanto a las cosas genéricas la misma solución que da el art. 1179 de nuestro cód. civ. dice:

«Quien debe una cosa determinada solo según el género, ha de entregar una cosa de clase y calidad media».

HEDEMANN[118], al aplicar la imposibilidad de la prestación, expresa que lo imposible puede ser concebido en sentido estricto, o también en sentido amplio. Quien tiene que cumplir con las obligaciones que adeuda está siempre inclinado a declarar que le es imposible cumplirlas. Agrega HEDEMANN que también en lo jurídico existe dificultar para establecer una delimitación de lo imposible que sea aceptable. Enuncia la existencia al respecto, de dos teorías. Una teoría arranca del concepto lógico (físico) de la imposibilidad. Para esta teoría no se podrá hablar de imposibilidad mientras exista una persona que pueda cumplir la obligación de cualquier modo que sea, aún venciendo las más grandes dificultades y haciendo los más desproporcionados sacrificios.

La otra teoría, —continúa explicando HEDEMANN—, contrapone al concepto lógico de la imposibilidad un concepto jurídico de dicha imposibilidad, que es más flexible y que llega hasta interpretar el contrato oponiendo a la valoración lógica la razón práctica. Con esta teoría se equipara la imposibilidad a la *no exigibilidad de otra conducta*. De otro lado, hay doctrinadores alemanes que manifiestan que no se puede exigir al deudor un esfuerzo *«superior al correspondiente a la obligación»* a que está sujeto. HEDEMANN ejemplifica: Una empresa de transporte pacta el transporte de mercaderías por el río Elba en determinada fecha. Por razones climatológicas ese transporte no puede hacerse en dicha fecha, porque el río Elba permanece desusadamente helado. Es claro que la empresa podría utilizar un rompehielos y transportar siempre por el río Elba las mercaderías; pero ello importaría un gasto considerable, que no

117 Derecho de Obligaciones, I, § 21, N° I, p. 325.

118 Trat. de D. Civ., D. de Obligaciones, vol. XII, trad. del alemán, Editorial Rev. de D. Privado, Madrid, 1958, § 20, I, p. 167 ss.

guarda relación con el precio que debe abonar el dueño de las mercancías. Dícese, entonces, que jurídicamente la prestación se ha tornado imposible, de acuerdo con la segunda teoría, porque conforme al contenido del contrato no puede serle exigido al deudor un esfuerzo que exceda del límite de lo razonable. Considera HEDEMANN que el argumento inmediatamente anterior e encuentra dentro de la línea de orientación ética de la buena fe, contenida en el § 242 del BGB; y que para nosotros se apoyaría en el art. 1328 del cód. civ. del Perú, que previene que los contratos deben cumplirse según las reglas de la buena fe y común intención de las partes[119].

Hay hipótesis de imposibilidad jurídica en sentido estricto, como sucede cuando se da una ley que prohíbe exportar o importar. Asimismo, el juzgador deberá tener un criterio claro sobre la no exigibilidad económica, ya que a un deudor no se le puede exigir un sacrificio material demasiado elevado, como ocurre cuando el río estuviera helado.

La jurisprudencia alemana en ciertos casos se ha mostrado muy severa con el deudor, afirmando que la imposibilidad solo puede ser admitida cuando se exige del deudor un gran sacrificio, no siendo suficiente que el deudor demuestre que sufriría una importante pérdida de dinero. Se da la imposibilidad cuando es manifiesto que el cumplimiento del contrato es económicamente imposible; cuando para el deudor el cumplimiento importa el exterminio económico o ponerlo al borde de la ruina, por lo que existiría necesidad económica y jurídica de denegar la protección del derecho al contratante que pretende cargar sobre la otra parte todos los perjuicios de la anormalidad económica, resultando que el deudor habría de recibir por su prestación una contraprestación en la que no cabe percibir ni de modo aproximado, la equivalencia que debía existir conforme a la intención del contrato. El acreedor que en esas circunstancias insiste en reclamar la prestación que se le debe, vulnera la buena fe. Este es el criterio de los jueces germanos[120].

Considera HEDEMANN[121] que en casos como éstos existe semejanza con la rescisión o resolución por alteración de las circunstancias, o sea la desaparición de la base del negocio («cláusula *rebus sic stantibus*»), porque también en la resolución por alteración de las circunstancias se tiene en cuenta la inexigibilidad.

Existe una imposibilidad originaria y una imposibilidad subsiguiente. Si la imposibilidad es originaria, se aplicará el § 306 del BGB, que declara que el «contrato que tiene por objeto una prestación imposible es nulo».

---

119 El § 242 del BGB declara: «El deudor está obligado a efectuar la prestación como exigen la fidelidad y la buena fe en atención a los usos del tráfico».

120 J. W. HEDEMANN, Trat, de D. Civ., D. de Obligaciones, vol. III, § 20, p. 168 s.

121 Trat, de D. Civ., D. de Obligaciones, vol. III, § 20, p. 169.

Hay, asimismo, una imposibilidad parcial, en la que el acreedor puede todavía tener interés a la parte que subsiste.

Si la imposibilidad se debe a culpa del deudor, responderá éste de la indemnización por los daños causados. Es el deudor quien deberá probar que la imposibilidad no le es imputable: § 282 del BGB, porque la ley presume siempre que la prestación es posible pagarla.

Seguidamente, Hedemann[122] se ocupa de la imposibilidad en los contratos bilaterales (con prestaciones recíprocas), a la que califica de cuestión fundamental y en la que los § § 323 a 325 del BGB (que se refieren a la imposibilidad en dichos contratos) tienen suma importancia. Examina primeramente el caso de que ninguna de las partes responde de la imposibilidad. V.g., porque se ha prohibido después de celebrado el contrato bilateral importar o exportar las cosas materia de la obligación; o porque ha acaecido la muerte del caballo vendido. Si así ocurriere, el vendedor quedará liberado de cumplir la prestación que le respecta, por aplicación del § 275 del BGB. Se exceptúa el caso de que se deban cosas genéricas, en que la imposibilidad es solo subjetiva, ya que el deudor puede elegir dentro del género y no las de peor calidad, sino las de calidad media. La misma solución contiene nuestro cód. civ. en sus arts. 1180 y 1179, § 2°. Asimismo, volviendo al derecho alemán, el deudor liberado pierde el derecho a reclamar la contra-prestación, que en este caso sería el precio de la compra-venta (§ 323, I BGB). Por consiguiente, si el deudor del precio, o sea el comprador, había ya pagado el precio de esa venta, puede válidamente exigir su devolución (§ 323, III BGB), pero esa devolución procedería con arreglo al instituto del enriquecimiento injusto: §§ 812 ss. BGB. En el derecho peruano, la solución que se acaba de expresar no se da en la compra-venta de inmuebles. Para nosotros, como el simple contrato de compra-venta o de donación inmobiliaria transforma al comprador o al donatario en dueño, aunque la cosa inmueble todavía no se hubiere entregado (ni menos inscrito la venta o donación), ni por su parte, el comprador o el donatario hubiere cumplido con pagar el precio, o cumplir el modus, respectivamente, la pérdida la experimenta el propietario (*res perit domino*); y ello ocurre así porque la sola obligación de dar una cosa inmueble determinada hace al acreedor propietario de ella, salvo pacto en contrario: art. 1172 del cód. civ. peruano. Por consiguiente, el comprador o el donatario, que nada reciben, tienen que cumplir con pagar el precio o ejecutar el cargo, obligaciones que asumieron al perfeccionar el contrato. La única diferencia entre la compra-venta y la donación inmobiliaria estaría en el perfeccionamiento de ambos contratos. Así, la venta queda concluida y obviamente las obligaciones que contiene, desde que se firma la minuta, que es previa al otorgamiento de la escritura pública, aunque el precio no hubiere sido

[122] Trat. de D. Civ., D. de Obl., vol. III. § 20, III, p. 172 s.

todavía pagado ni el inmueble entregado. En cambio, el contrato de donación de predio no queda perfecto si solo consta en minuta o en otro instrumento privado, sino desde que se otorga la escritura pública. No existiendo escritura pública no existirá donación de inmueble; y, por tanto, el contrato de donación de finca por instrumento privado, no obstante que se demuestre su autenticidad, es no solo anulable, sino nulo, por aplicación del art. 1123, inc. 3º del cód. civ. peruano; y, además, el art. 1474 § 3° del mismo cód., ordena que la donación inmobiliaria se reduzca a escritura pública, o sea que se trata de forma exigida por la ley no *ad probationem sino ad substantiam*. La minuta previa a la escritura, no traslada el riesgo al comprador.

También Hedemann[123] examina el supuesto de que el acreedor-comprador pide el valor sustantivo de la cosa adquirida, —por ejemplo el valor del caballo que un extraño ha matado por culpa. En este caso, el acreedor-comprador deberá pagar la obligación que le respecta y siendo comprador deberá abonar el precio. Este caso se da cuando el contrato de compra-venta es favorable al comprador. Así, el caballo se compró por diez mil y en realidad vale quince mil, por lo que la indemnización que pague el extraño es de quince mil y será percibida por el comprador íntegramente, pero este comprador tendría que abonar al vendedor los diez mil representativos del precio convenido.

Hedemann[124] examina otro caso que él mismo afirma que es raro y que aparece cuando el acreedor y no el deudor es el responsable de la imposibilidad. Obviamente, en tal hipótesis el deudor queda liberado (§ 275 BGB). En el ejemplo que anteriormente se tuvo en cuenta, el comprador conserva una *contrapretensión* contra el deudor-vendedor, por los ahorros eventuales que ha hecho el deudor-vendedor como consecuencia de haber quedado liberado de su obligación (v.g., por no haber efectuado ningún gasto para la manutención del caballo hasta el día señalado para su entrega, o por haber recobrado, para otra finalidad, su libertad de trabajo: véase § 324, I del BGB. El caso de que la obligación resulte imposible por causa del acreedor-comprador se da, por ejemplo, cuando dicho comprador incurrió en mora *accipiendi* o *credendi*. Es la mora del acreedor que aparece cuando no acepta la prestación, por lo que éste importa otro obstáculo para el cumplimiento de la prestación, no obstante que el deudor se la ofreció en debida forma (oferta real), salvo que el acreedor desde antes rehusara el pago. En este caso la mora del acreedor traslada el riesgo a cargo de él; ya que el deudor no paga intereses ni responde por toda culpa, sino por dolo y culpa lata (grave); y si estuvo obligado a cumplir en primer término, ya no lo está[125].

---

[123] Trat. de D. Civ., D. de Obl., vol. III, § 20, III, p. 173.
[124] Trat. de D. Civ., D. de Obl., vol. III, § 20, III, b), p. 173.
[125] Trat. de D. Civ., D. de Obl., vol. III, § 23, III, a, b) ss., p. 180.

El caso que aparece con más frecuencia es el del deudor que debe responder de que la prestación se hubiere tornado imposible, o sea que ha incurrido en dolo o culpa. Ejemplo: el que vendió el caballo lo vuelve a vender otra vez, ya que el segundo comprador le ofrece un mayor precio. Obviamente, el deudor-vendedor no se libera. Hedemann[126] invocando el § 325 del BGB, expresa que el acreedor-comprador puede elegir entre la indemnización de daños y la resolución del contrato. (Para nosotros la indemnización de daños va anexa a la resolución o rescisión; y también procede la indemnización sin pedir la resolución). Hedemann manifiesta claramente que el comprador optará por pedir la resolución si se percata que el negocio le era desfavorable; y que si ve que le es favorable pedirá la indemnización de daños. Hedemann ejemplifica: Contrato de permuta de un caballo con un buey de pedigree. El dueño del buey lo vende a otro y hace imposible la entrega del buey al otro permutante. Si el dueño del caballo comprueba que el valor del caballo es superior, prefiere conservarlo, pero no recibe el buey y procede la resolución. Si al contrario, se percata que el caballo vale menos que el buey, se aferrará al contrato y pedirá indemnización en dinero por el superior valor del buey. Hedemann advierte que pone el ejemplo de la permuta porque en el contrato de compra-venta el contraste de las dos teorías que enuncia carece de sentido. Dichas teorías son la del trueque y la de la diferencia con respecto al pago de la indemnización de daños. No explicamos el sentido de ambas teorías porque no se dan en nuestra realidad jurídica. También Hedemann[127] advierte que el acreedor, —que evidentemente tiene en nuestro derecho una pretensión clarísima a exigir el pago de la indemnización de daños y perjuicios—, puede optar por considerar que la imposibilidad de la obligación no fue imputable a ninguno de los contratantes e invocando el § 323 del BGB pedir la indemnización de los daños y perjuicios prevista en el § 281 contra el tercero, sobre todo si el deudor es insolvente y no lo es el tercero[128].

En el derecho italiano vigente el deudor se exime de responsabilidad cuando incumple la obligación, sea por lo que se llama «causa no imputable», sea por el caso fortuito o la fuerza mayor. En el derecho peruano el deudor no es responsable si incumple la obligación sin culpa o, en otro caso, por caso fortuito o fuerza mayor.

La «imposibilidad sin culpa del deudor» de que habla el art. 1318 del cód. civ. del Perú, exime de responsabilidad a este deudor incumpliente.

---

126 Trat, de D. Civ., D. de Obl., vol. III, § 20, III, c), 1, 2, p. 173 s.

127 Trat. de D. Civ., D. de Obl., vol. III, § 20, III, 3, p. 171.

128 En nuestro derecho, —y lo mismo debe ocurrir en el derecho alemán—, si una persona vende la misma cosa mueble a dos personas, la indemnización de daños solo podría ser reclamada contra el segundo comprador que la tiene en su poder, si se le prueba mala fe (art. 890 cód. civ. del Perú).

En buenos principios, la «causa no imputable» de la doctrina italiana importa la ausencia de culpa en el deudor de la obligación.

La causa no imputable de la ley italiana, como la ausencia de culpa de la ley peruana, pueden deberse también a caso fortuito o a fuerza mayor. La causa no imputable o la ausencia de culpa pueden producirse no obstante la diligencia del deudor por cumplir la obligación asumida, que es la misma diligencia que el deudor pone en el desarrollo de su actividad. Se trata de una diligencia o cuidado típico, porque está referida y se compara con un módulo o patrón preestablecido (Nosotros tenemos no una culpa in abstracto, sino in concreto: art. 1322 del cód. civ. peruano, lo cual importa una seria deficiencia). En la ausencia de culpa y en la causa no imputable existe una conducta diligente del deudor para cumplir con exactitud y oportunidad su obligación.

Adviértase que ésta es la culpa contractual, que es diferente de la culpa extra-contractual. En la culpa contractual el deudor viola una obligación nacida de un contrato y que preexiste. Sin embargo, existe culpa en una promesa unilateral o en el tutor o en el curador respecto del incapaz que guarda. Por el contrario, la culpa extracontractual se da con la violación del derecho ajeno, que nace después y a causa del acto culposo.

La culpa contractual es también diferente de la culpa que se llama culpa *in contrahendo*, que es la culpa en que se incurre en las gestiones contractuales (*pourparlers* o *trattativas*).

Obviamente, el caso fortuito o la fuerza mayor también importaría en el caso de existir, «causa no imputable» o «ausencia de culpa».

Si el deudor no cumple con su obligación o la cumple inexactamente (lo que también importa incumplimiento), puede acontecer que dicho deudor no obstante su incumplimiento quede liberado de responsabilidad.

El derecho codificado no solo comprueba el incumplimiento del deudor, sino el por qué no ha cumplido, es decir, las causas de dicho incumplimiento. Y como expresa Messineo[129], el deudor no ha cumplido solo por dos razones fundamentales: a) porque no ha podido; o b) porque no ha querido. Y si no ha querido es porque el deudor no llevó a cabo todo aquello que lo habría colocado en situación de cumplir. Esta afirmación la extrae del art. 1218 del cód. civ. de Italia, que previene: «Responsabilidad del deudor.— El deudor que no cumple exactamente la prestación debida está obligado al resarcimiento del daño si no prueba que el incumplimiento o el retardo ha sido determinado por imposibilidad de la prestación derivada de causa no imputable a él».

---

[129] Manual de D. Civ. y Com., IV, § 113, N° 1, p. 322 s.

Nótese que el incumplimiento crea de hecho responsabilidad en el deudor, a no ser que pruebe que existió imposibilidad.

El art. 1218 da por sentado que el deudor está constreñido a cumplir con la obligación que ha asumido. Si dicha obligación no existiera es incuestionable que el deudor no la debe y, por tanto, no la incumple.

Veamos el caso de que el deudor no ha cumplido con la obligación porque no ha podido cumplirla. Para el deudor la obligación ha sido imposible que la cumpla. Empero, esta imposibilidad de cumplimiento es una imposibilidad jurídica, objetiva y absoluta. No es una imposibilidad subjetiva. Es además una imposibilidad sobrevenida, o sea posterior al nacimiento de la obligación; la imposibilidad se presenta después de que la obligación existe.

Hay otra imposibilidad de cumplimiento de la obligación que preexiste al nacimiento de la obligación, o que es simultánea con dicho nacimiento obligacional. Aquí, la imposibilidad es *ab origine*. En este último caso, dicha obligación jamás podría ser cumplida, porque prácticamente dicha obligación no nació. No habría en este caso, incumplimiento de algo que jamás existió.

La obligación, en otros casos, no es susceptible de ser cumplida sea porque el contrato (o, más generalmente, el negocio jurídico) es nulo o anulable, o se ha operado la *praescriptio* extintiva, etc.

Cuando la obligación resulta imposible de ser cumplida, quien la debe no niega que la obligación existe sino que prueba que es impotente para cumplirla; que no puede realizar su cumplimiento.

Sobre «causa no imputable» Messineo[130] amplía sus expresiones y hace notar que debe existir una causa impeditiva que no puede serle atribuida (imputada) al deudor de la obligación; y es debido a ello que el incumplimiento del deudor constituye un efecto inevitable para éste. Cita los arts. 1256 y 744 del cód. civ. de Italia, que declaran:

Art. 1256.— «Imposibilidad definitiva o imposibilidad temporal.— La obligación se extingue cuando, por una causa no imputable al deudor, la prestación se hace imposible».

'Si la imposibilidad es solo temporal, el deudor, mientras la misma perdura, no es responsable del retardo en el cumplimiento. Sin embargo, la obligación se extingue si la imposibilidad perdura hasta el momento en que, en relación al título de la obligación o a la naturaleza del objeto, el deudor no puede ya ser considerado obligado a ejecutar la prestación, o bien el acreedor no tiene ya interés en conseguirla».

---

130 Manual de D. Civ. y Com., IV § 114, N° 8, p. 228 s.

Art. 744.— «Perecimiento de la cosa donada.— No está sujeta a colación la cosa perecida por causa no imputable al donatario».

Resulta entonces que el art. 1218 del cód. civ. italiano, que trata de la «causa no imputable», exige para liberar de responsabilidad al deudor de la obligación de dos elementos: uno subjetivo, que es la no imputabilidad del deudor, o sea que no le es atribuible al deudor la causa que origina la imposibilidad del cumplimiento de la obligación; y otro elemento objetivo, que es la imposibilidad de cumplir con la obligación. Existe así una vinculación o enlace entre estos dos elementos de la que resulta que la imposibilidad en que se encuentra el deudor para cumplir con la obligación no ha sido causada por dicho deudor.

«Causa no imputable» es todo hecho que produce el incumplimiento de la obligación por quien la debe en forma absoluta. Es un impedimento absoluto, invencible o irresistible e inevitable: *vis cui resistit non potest*. Asimismo, debe tratarse de un hecho imprevisible, porque si el hecho fuere previsible no es causa no imputable. El daño que debe resarcirse es aquel que podía preverse al tiempo en que nace la obligación (art. 1323 del cód. civ. peruano). No se resarce el daño que no podía preverse. Al respecto, el art. 1225 del cód. civ. de Italia dice: «Pre- visibilidad del daño.— Si el incumplimiento o el retardo no depende del dolo del deudor, el resarcimiento se limita al daño que podía preverse en el momento en que surgió la obligación».

Habiendo dolo del deudor se aplica la regla general contenida en el art. 1223, que dice: «Resarcimiento del daño.— El resarcimiento del daño por el incumplimiento o por el retardo debe comprender tanto la pérdida sufrida por el acreedor como la falta de ganancia, en cuanto sean consecuencia inmediata y directa de ello» (Es lo mismo que dice el art. 1323 del cód. civ. del Perú).

Habrá imposibilidad de cumplir la obligación sin que el deudor quede sujeto a responsabilidad si el incumplimiento no le es imputable; y si la obligación es de dar cosa cierta (determinada). Por tanto, si perece la cosa infungible el deudor no puede sustituirla por otra, ya que la nueva cosa que trata de reemplazar a la cosa que se debe sería cosa distinta.

Puede ocurrir, sin embargo, que el deudor esté obligado a dar cosas que pertenecen a un *genus illimitatum* (cosas muebles; no cosas inmuebles). En este caso, si se destruye la cosa, el deudor puede reemplazarla por otra. Existen también obligaciones de dar cosas muebles pertenecientes a un *genus limitatum* que ya está agotado, razón por la que quien las debe no podría sustituirlas.

Para MESSINEO[131] el incumplimiento de una obligación de entregar (imposibilidad de cumplimiento de la obligación) puede deberse a una «causa no imputable» al deudor o de la persona de la que debe responder el deudor.

[131] Manual de D. Civ. y Comercial, XV, § 113, N° 3, p. 223.

Y esto habrá de producir ausencia de responsabilidad del deudor por tal incumplimiento. Cita el autor italiano en su apoyo el art. 1228 del cód. civ. de Italia, que declara: «Responsabilidad por hecho de los auxiliares. – Salvo voluntad diversa de las partes, el deudor que en el cumplimiento de la obligación se vale de la obra de terceros, responde también de los hechos dolosos o culposos de ellos».

El cumplimiento de la obligación resultaría en veces imposible solo por cierto tiempo. Si la imposibilidad concluye, el deudor deberá cumplir la obligación y no habría de responder de su mora en tanto la imposibilidad continúe.

Asimismo, el deudor está constreñido a cumplir la parte de la obligación que es susceptible (no imposible) de ser cumplida; por ejemplo, si la cosa que debe entregar el deudor que es cierta (determinada) (cosa cierta) se hubiere deteriorado o hubiere perecido parcialmente. Nosotros tenemos esta solución en el art. 1177 del cód. civ., que deja a voluntad del acreedor disolver la obligación, o recibir la cosa no fungible en el estado que se hallare, con disminución proporcional del precio; y si hubiere desacuerdo entre deudor y acreedor sobre el precio a pagar, ello habrá de decidirse por sentencia pasada en autoridad de cosa juzgada, en caso de que acreedor y deudor consientan en someterse a una decisión judicial.

También la ley italiana vigente contempla la hipótesis de que la cosa debida estuviere, v. g., asegurada. El 1259 del cód. civ. de Italia establece «Sustitución del acreedor en los derechos del deudor. – Si la prestación que tiene por objeto una cosa determinada se ha hecho imposible, en todo o en parte, el acreedor se sustituye en los derechos correspondientes al deudor dependientemente del hecho que ha causado la imposibilidad, y puede exigir del deudor la prestación de lo que éste haya conseguido a título de resarcimiento».

También MESSINEO[132] analiza la dificultad de cumplimiento en que está el deudor; no la imposibilidad. Esta –dice– es una imposibilidad relativa o subjetiva de entregar la cosa, v. g. La dificultad importa exigir del deudor un esfuerzo para que cumpla la obligación, que es superior al que normalmente se emplea. No es, repetimos, imposibilidad de cumplimiento, porque la imposibilidad es absoluta. Esa dificultad no exonera al deudor de la obligación de cumplir; dicho deudor resulta, por ello, responsable. MESSINEO cita para esta cuestión los arts. 1664 y 1818 del cód. civ. italiano, cuyos textos son:

1664. «Onerosidad o dificultad de la ejecución. – Cuando por efecto de circunstancias imprevisibles, se haya verificado aumentos o disminuciones en el costo de los materiales o de la mano de obra, tales que determinen un au-

[132] Manual de D. Civ. y Com., IV, § 113, N° 4, p. 223.

mento o una disminución superiores a la décima parte del precio total convenido, el contratista o el comitente puede pedir una revisión de dicho precio. La revisión puede ser acordada solo en cuanto a aquella diferencia que exceda de la décima parte.

«Si en el curso de la obra se manifiestan dificultades de ejecución derivadas de causas geológicas, hídricas y similares, no previstas por las partes, que hagan notablemente más onerosa la prestación del contratista, éste tiene derecho a una compensación equitativa».

1818. «Imposibilidad o notable dificultad de restitución.— Si han sido dadas en mutuo cosas que no sean dinero, y la restitución se ha hecho imposible o notablemente difícil por causa no imputable al deudor, éste está obligado a pagar su valor, teniendo en consideración el momento y el lugar en que la restitución se debía llevar a cabo».

La dificultad para que el deudor cumpla con la obligación solo demanda del deudor cierto esfuerzo que es superior al normal. Pero la ley no dispensa al deudor de este esfuerzo por considerable que fuere, haciéndolo responsable si no cumple con la obligación que asumió. El art. 1256 del cód. civ. de Italia, párrafo I°, no constituye, como ya se vio, una excepción. Dicho precepto reza «La obligación se extingue cuando, por una causa no imputable al deudor, la prestación se hace imposible».

MESSINEO[133] distingue entre dificultad en el cumplimiento de la obligación por el deudor de la dificultad en el cumplimiento que se debe a una excesiva onerosidad. Esta última conduce a la resolución (rescisión) del contrato o, más ampliamente, negocio jurídico del cual la obligación incumplida por el deudor emerge. MESSINEO manifiesta que en este último caso el deudor no se encuentra constreñido a cumplir con la obligación excesivamente onerosa porque ha desaparecido dicha obligación, con la resolución'(rescisión) del contrato. En el primer caso se trata de un deudor que no es responsable por el incumplimiento de la obligación que continúa existiendo, ya que no se ha pedido la rescisión de la fuente de dicha obligación, o sea el contrato.

Para percatarse de lo anteriormente relacionado por MESSINEO es necesario leer en el cód. civ. de Italia los arts. 1467 y 1463, que dicen:

1467. «Contrato con prestaciones recíprocas.— En los contratos de ejecución continuada o periódica o de ejecución diferida, si la prestación de una de las partes hubiera llegado a ser excesivamente onerosa por acontecimientos extraordinarios e imprevisibles, la parte que deba tal prestación podrá demandar la resolución del contrato, con los efectos establecidos en el art. 1458 (no hay efecto retroactivo).

---

133 Manual de D. Civ. y Com., IV, § 113, N° 4. p. 224.

«La resolución no podrá ser demandada si la onerosidad sobrevenida entrara en el álea normal del contrato».

«La parte contra quien se hubiere demandado la resolución podrá evitarla ofreciendo modificar equitativamente las condiciones del contrato».

«1463. Imposibilidad total.— En los contratos con prestaciones recíprocas la parte liberada por la imposibilidad sobre - viniente de la prestación debida, no podrá pedir la contraprestación y deberá restituir lo que ya hubiese recibido, de acuerdo con las normas relativas a la repetición de lo indebido» (En el derecho peruano, no existiendo una disposición como ésta la solución es distinta. Se observa el *res perit domino*).

Tratándose del cumplimiento, por el deudor, de obligaciones de hacer, por causa no imputable, advierte Messineo[134] que ello se da raramente. Empero, cita estos casos: 1) Muerte o inhabilidad física o mental del deudor y siempre que la obligación de hacer no pueda ser cumplida por otra persona (véase art. 1183 del cód. civ. peruano); 2) Porque existe una prohibición que impide cumplir la obligación (*factum principis*); o 3) Impedimento que no depende de la voluntad del deudor de la obligación no fungible, como la obligación de servir en los institutos armados.

En las obligaciones existe también no solo imposibilidad sino dificultad en el cumplimiento de la obligación por el deudor.

En las obligaciones de hacer puede darse también el caso no solo de imposibilidad de cumplimiento sino de tan solo dificultad.

No hay imposibilidad en la obligación de hacer que es fungible (que puede ser cumplida por persona distinta del deudor). Messineo cita el 1er. apartado del art. 1258 del cód. civ. de Italia, para la hipótesis de que la obligación de hacer resulte imposible solo en parte.

Dicho art. 1258 previene: «Imposibilidad parcial.— Si la prestación se ha hecho imposible solo en parte, el deudor se libera de la obligación cumpliendo la prestación en cuanto a la parte que sigue siendo posible (Se trata de deudor no culpable).

«La misma disposición se aplica cuando debiéndose una cosa determinada, ésta ha sufrido un deterioro o cuando queda algo después del perecimiento total de la cosa».

En cuanto a la prueba de la causa no imputable al deudor que por esto incumple la obligación, también al igual que en el derecho nuestro (art. 1326 del cód. civ. peruano), corre a cargo de dicho deudor en derecho italiano. De pleno derecho se presume que el deudor no cumplió la obliga-

---

[134] Manual de D. Civ. y Com., IV, § 113, N° 5, p. 224.

ción por su culpa. Por tanto, existe inversión de la carga de la prueba respecto de la culpa del deudor. El art. 1218 del cód. civ. italiano presume que el incumplimiento del deudor está determinado por un hecho del deudor y que ese hecho se produjo por su culpa (negligencia). Es presunción que admite prueba en contrario. Empero, no se presume el dolo. Y la prueba que corre a cargo del deudor deberá demostrar su irresponsabilidad por dicho incumplimiento. MESSINEO observa que la prueba puede consistir en acreditar la conducta diligente de un buen padre de familia; en otros casos se exige del deudor la prueba de que hubo caso fortuito. Por ejemplo, en el transporte de cosas: art. 1693 del cód. civ. de Italia; o depósito de cosas en un hotel: art. 1784 del mismo cód. extranjero; depósito en almacenes generales: art. 1787 id.

La existencia de dolo en el deudor incumpliente debe probarla el acreedor.

MESSINEO[135] hace notar que el cód. civ. italiano derogado, para acreditar la ausencia de culpa del deudor, se refería al caso fortuito y la fuerza mayor; pero que ahora el nuevo cód. se refiere a la causa no imputable que se concibe en sentido negativo; que la regla general es la causa no imputable ahora; pero que en ciertos casos la nueva legislación reclama una prueba que es más gravosa para el deudor incumpliente, que es el caso fortuito o la fuerza mayor y solo así podría exonerarse de responsabilidad. Fuerza mayor y/o caso fortuito no son hechos negativos como la simple causa no imputable; pero MESSINEO conviene que también el caso fortuito y la fuerza mayor dan origen a «causa no imputable»[136].

Los preceptos últimamente citados del cód. civ. de Italia son:

1693. «Responsabilidad por pérdida o avería.— El porteador es responsable de la pérdida y de la avería de las cosas que se han entregado para el transporte, desde el momento en que las recibe hasta aquel en que las entrega al destinatario, si no prueba que la pérdida o la avería ha derivado de casos fortuitos, de la naturaleza o de los vicios de las mismas cosas o de su embalaje, o del hecho del remitente o del destinatario».

«Si el porteador acepta las cosas a transportar sin reservas, se presume que dichas cosas no presentan vicios aparentes de embalaje».

1784. «Responsabilidad por las cosas llevadas al hotel.— El hotelero responde de la sustracción, de la pérdida o del deterioro de las cosas llevadas por los clientes al hotel y no entregadas a él, hasta el límite máximo de cinco mil liras.

«La responsabilidad del hotelero es ilimitada:

---

135 Manual de D. Civ. y Com., IV § 114, N° 4, p. 238.
136 Manual de D. Civ. y Com., IV, §113, N° 8 bis, p. 227 s.

«1) si el daño es imputable a culpa grave suya, de los miembros de su familia o de sus auxiliares;

«2) si se ha negado a recibir en custodia las cosas del cliente sin justos motivos. Se consideran justos motivos de negativa el excesivo valor de la cosa en relación a la importancia del hotel y su naturaleza que constituya un obstáculo respecto de la capacidad de los locales.

«En todo caso, el hotelero queda exento de responsabilidad si prueba que la sustracción, la pérdida o el deterioro son debidos a culpa grave del cliente, de las personas dependientes de él o de aquellas que lo visitan o lo acompañan, o bien si la pérdida o deterioro son debidos a la naturaleza o al vicio de la cosa o a caso fortuito.

«Es nulo todo pacto que tienda a excluir o a disminuir la responsabilidad prevista por los apartados anteriores».

Este dispositivo es más completo que los arts. 1624 y 1625 del cód. civ. del Perú. Sin embargo, también para nosotros la ausencia de culpa no librará de responsabilidad al hotelero, sino el caso fortuito o la fuerza mayor.

1787.— «Responsabilidad de los almacenes generales.— Los almacenes generales son responsables de la conservación de las mercaderías depositadas, a menos que se pruebe qye la pérdida, la disminución o la avería ha derivado de caso fortuito, de la naturaleza de las mercaderías, o bien de vicios de ellas o del embalaje».

Este es otro ejemplo de responsabilidad objetiva, desde que la simple prueba de la ausencia de culpa no libraría al deudor de responsabilidad. Sin embargo, existe resistencia entre nosotros a establecer en los actos ilícitos esta clase de responsabilidad.

Conviene saber que en el segundo proyecto del cód. civ. alemán se instaló un precepto que, más o menos, decía: El sujeto a quien por precepto especial no pueda exigírsele responsabilidad por el perjuicio causado por él a virtud de acto ilícito, deberá, a pesar de ello, indemnizarlo en la medida que lo exija la equidad y según las circunstancias del caso, siempre que con ello no le sean quitados los medios suficientes, etc. En realidad, debe el derecho permitirle al juez tener en cuenta la situación de los interesados y las especiales circunstancias del caso concreto. Esta doctrina fue adoptada por el XXXIV Congreso de Juristas alemanes, no obstante que las reglas del BGB son tan amplias[137].

Para concluir con el estudio de la afirmación legal de que el deudor no responde del no pago de la prestación que se ha tornado imposible, si ello obedece a casos o hechos que excluyen su culpa, hemos de expresar que no obstante que existen legislaciones como la alemana e itálica, que para el su-

137 Cf. Heinrich LEHMANN, Trat. de D. Civ., vol. I, Parte general, § 39. N° IV, p. 488 s.

puesto de inejecución de las obligaciones no se refieren al caso fortuito o a la fuerza mayor, no solo los autores de derecho no han podido prescindir de su mención y estudio, sino hasta sus mismos códigos civiles y leyes complementarias mencionan el casus en instituciones determinadas.

Por ejemplo, el BGB germano, para la hipótesis de resolución contractual, contiene el 350, que dispone: «La resolución no se excluye por la circunstancia de que el objeto que haya recibido el titular haya perecido por caso fortuito». El § 287 del mismo BGB dispone: «El deudor durante la mora ha de responder de toda negligencia. Es también responsable de la imposibilidad de la prestación ocasionada por caso fortuito durante la mora, a no ser que el daño se hubiera producido también en caso de haber cumplido la prestación en tiempo». Es un texto mucho mejor que el de nuestro art. 1256. En efecto, esa disposición del cód. del Perú dice: «El deudor que estuviese en mora responderá de los daños y perjuicios, y aún del caso fortuito». «Podrá sustraerse a esta responsabilidad probando que ha incurrido en mora sin culpa alguna de su parte; o que el caso fortuito habría alcanzado a la cosa debida, con detrimento del acreedor, aunque la ejecución se hubiere llevado a cabo a su debido tiempo». Es inaceptable la frase «mora sin culpa», porque no hay mora *inculpata.*

Y la doctrina alemana se ocupa de estos hechos. Así, Enneccerus-Hans Carl Nipperdey[138], trata de la responsabilidad por caso fortuito en ciertos contratos en que uno de los contratantes no puede cuidar de sus cosas, lo que sí es posible que ese cuidado lo haga el otro contratante. Cita el § 701 del BGB, por el cual el posadero responde de las cosas de los pasajeros, salvo que la pérdida se produzca por la naturaleza de las cosas o por fuerza mayor *(«Hohere Gewalt»)*. Examina también los casos de responsabilidad sin culpa. En verdad, para Enneccerus-Nipperdey no existe diferencia entre caso fortuito y fuerza mayor. Al caso fortuito lo considera no solo un acontecimiento natural, sino a cualquier circunstancia que en la relación del acreedor no denote la culpa por parte del deudor[139].

Al tratar Enneccerus-Nipperdey[140] de la fuerza mayor, comprueba que la ley no determina su concepto y enuncia dos teorías que la explican. Una teoría llamada subjetiva o relativa libera al deudor de responsabilidad cuando notoriamente los daños no podrían haberse evitado ni siquiera en el caso que el deudor hubiere actuado con una diligencia llevada al límite racional máximo. Y otra teoría que es la objetiva o absoluta, que es la que liberaría de responsabilidad al deudor por la naturaleza del acontecimiento, o por la violencia de su aparición o porque es plenamente imprevisible. Se establece que la apreciación de la fuerza mayor es diversa cuando se trata de la responsabilidad por

---

138 Trat. de D. Civ., t. I, D. Civ. (Parte gral.), vol. 2, § 199, V, p. 443.
139 Trat. de D. Civ., t. I, D. Civ. (Parte gral.), vol. 2, § 199, n. 7 de la p. 443.
140 Trat. de D. Civ., t. I, D. Civ. (Parte gral.), vol. 2, § 200, I, p. 446.

daños o por la pérdida de plazos. Si se trata de la responsabilidad del deudor por daños definen la fuerza mayor ENNECCERUS-NIPPERDEY[141] como acontecimiento cognoscible, imprevisible, que no deriva de la actividad que la relación contractual ha establecido, sino que viene de fuera y cuyo efecto dañoso no podía evitarse con las medidas de precaución que racionalmente eran de esperar que adoptara el deudor.

J. W. Hedemann[142] después de establecer que la regla general es que se responda por culpa, expresa que en ciertas hipótesis se responderá también del caso fortuito. Este sería un caso de responsabilidad obligatoria. Los romanos decían *«casus a nullo praestantur»* o *«casum sentit dominus»*.

También en el cód. civ. alemán la irresponsabilidad del deudor deja de producirse por caso fortuito o fuerza mayor, salvo excepciones. Por ejemplo, en la mora se responde del caso fortuito, conforme al § 287 BGB, porque la mora importa desde ya un reproche al deudor[143].

HEDEMANN[144] también equipara los conceptos de caso fortuito y fuerza mayor, cuando afirma que se responde por caso fortuito pero hasta el límite de la fuerza mayor. Pone como ejemplo la responsabilidad del fondista u hotelero, regulada por el § 701 del BGB, por las cosas introducidas en las fondas. En el BGB el caso fortuito no exime de responsabilidad a éste.

Se comprueba, entonces, que en el derecho civil germano no han desaparecido las nociones del caso fortuito y de la fuerza mayor. Se trata de hechos irresistibles, como lo es una tempestad extraordinariamente violenta.

En la legislación civil de Italia abrogada se tenía en cuenta, como en nuestro cód. civ., el *casus fortuitus*, la *vis maior* y el *jactum principis*. MESSINEO[145] explica por qué el nuevo cód. civ. de su país separa la noción de la causa no imputable del caso fortuito y de la fuerza mayor, y es que ahora la causa no imputable se concibe negativamente como circunstancia genérica que impide la culpa del deudor, cuya presencia es suficiente para eximir al deudor de responsabilidad por incumplimiento. Por el contrario, el *casus* y la *vis maior* constituyen hechos positivos que en determinados casos tam-

141 Trat. de D. Civ., t. I, D. Civ., (Parte gral.), vol. 2, § 200, IX, p. 447.

142 Trat. de D. Civ., D. de Obl., III, § 19, p. 159 ss.

143 En el cód. civ. peruano, la responsabilidad del deudor en mora por el caso fortuito, está legislada en el art. 1256, § 1°.

144 Trat. de D. Civ., D. de Obl., III, II, 6 c), p. 162. El art. 1625 del cód. civ. del Perú, regula la misma responsabilidad, pero libera al fondista si los daños en los efectos de los viajeros provienen de robo a mano armada o de otros sucesos de fuerza mayor. También en nuestro cód. civ. se responde del caso fortuito en los arts. 1590, 1596 y 1598, instalados dentro del comodato; y art. 1660 que legisla sobre la gestión de negocios. LARENZ, D. obl., I, también habla específicamente de caso fortuito en § 17, p. 257 y§ 25, p. 396; y de fuerza mayor en § 22, p. 343 mora y § 24, p. 381 (*mora credendi*).

145 Manual de D. Civ. y Comercial, IV § 113, N° 8, p. 227 y 228.

bién eximen al deudor de responsabilidad por incumplimiento y entonces no sería suficiente para la exención de responsabilidad la causa no imputable. Además, la causa no imputable es la regla general para producir la irresponsabilidad del deudor y ésta importa un hecho negativo, en cambio que para ciertos supuestos de la ley se necesita algo más de la causa no imputable para no ser responsable el deudor y ese algo que le ha impedido cumplir es el caso fortuito o la fuerza mayor y la prueba de estos eventos es más gravosa y difícil e importan la existencia de un hecho positivo. Sin embargo, tanto el caso fortuito como la fuerza mayor afirma MESSINEO que también producen el efecto de que se les tenga por causas no imputables al deudor.

No se libera el deudor del incumplimiento por fuerza mayor si éste contrajo la obligación con conocimiento de que no podía cumplir o si es culpable de no haber previsto que no podía cumplir. El deudor tiene un deber de diligencia contractual por el que debe siempre encontrarse en situación de cumplir exactamente la obligación. La culpa contractual es la omisión de ese deber de diligencia, o sea que incurre en negligencia en cuanto no observa la diligencia media (culpa leve); con mayor razón si incurre en culpa grave. De la culpa levísima no se responde y ésta importa la diligencia máxima, que es la del hombre escrupuloso en extremo en el cumplimiento de sus obligaciones[146].

No obstante que el nuevo cód. civ. de Italia habla de causa no imputable, tiene preceptos que se refieren al caso fortuito y a la fuerza mayor. Así:

1017.— «Perecimiento de la cosa por culpa o dolo de terceros. Si el perecimiento de la cosa no es consecuencia de caso fortuito, el usufructo se transfiere sobre la indemnización debida por el responsable del daño".

1492, § 3° «Si la cosa entregada ha perecido a consecuencia de los vicios, el comprador tiene derecho a la resolución del contrato; si, por el contrario, ha perecido por caso fortuito o por culpa del comprador o, si éste la ha enajenado o transformado, no puede pedir más que la reducción del precio».

1609.— «Reparaciones menores a cargo del inquilino. Las reparaciones de mantenimiento menor, que a tenor del art. 1576 deben ser realizadas por el inquilino a su costa, son las dependientes de deterioros producidos por el uso, y no las dependientes de vejez o de caso fortuito».

1635.— «Pérdida fortuita de los frutos en los arrendamientos plurianuales. Si durante el arrendamiento convenido por varios años, al menos la mitad de los frutos de un año todavía no separados perece por caso fortuito, el arrendatario puede pedir una reducción del arrendamiento, salvo que la pérdida encuentre compensación en anteriores cosechas».

---

[146] MESSINEO F., Manual de D. Civ. y Comercial, IV, § 114, N° 3, p. 234 y ss.

«Al perecimiento se equipara la falta de producción de los frutos».

1636.— «Pérdida fortuita de los frutos en los arrendamientos anuales. Si el arrendamiento tiene la duración de un solo año, y se ha verificado la pérdida por caso fortuito de la mitad al menos de los frutos, el arrendatario puede ser exonerado del pago de una parte del arrendamiento, en medida no superior a la mitad».

En el 1637 distingue el cód. italiano entre caso fortuito ordinario, que teniendo en cuenta el lugar y otras circunstancias puede razonablemente considerarse probable, y el caso fortuito extraordinario, cuya renuncia es nula. Esta es la misma doctrina que la del art. 1503 del cód. civ. peruano. El 1648 legisla también sobre los casos fortuitos ordinarios.

Dentro del contrato de transporte de cosas el 1693 dice:

«Responsabilidad por pérdida y avería. El porteador es responsable de la pérdida y de la avería de las cosas que se han entregado para el transporte, desde el momento en que las recibe hasta aquel en que las entrega al destinatario, si no prueba que la pérdida o la avería ha derivado de casos fortuitos, de la naturaleza o de los vicios de las mismas cosas o de su embalaje, o del hecho del remitente o del destinatario»

«Si el porteador acepta las cosas a transportar sin reservas, se presume que dichas cosas no presentan vicios aparentes de embalaje».

Dentro del campo de los actos ilícitos, el cód. de Italia contiene estas disposiciones:

2051.— «Daño ocasionado por una cosa en custodia. Cada uno es responsable del daño ocasionado por las cosas que tiene en custodia, salvo que pruebe el caso fortuito».

«2052.—Daño ocasionado por animales. El propietario de un animal o quien se sirve de él por el tiempo que lo tiene en uso, es responsable de los daños ocasionados por el animal, ya estuviese bajo su custodia, ya se hubiese extraviado o escapado, salvo que pruebe el caso fortuito».

Dentro del título que trata de las garantías patrimoniales el:

«2743.— Disminución de la garantía. Cuando la cosa dada en prenda o sometida a hipoteca perezca o se deteriore, aunque sea por caso fortuito, de modo que sea insuficiente para la seguridad del acreedor, éste puede pedir que se le preste garantía idónea sobre otros bienes y, en su defecto, puede pedir el inmediato pago de su crédito».

En el cód. civ. del Perú, esta misma doctrina está contenida en el art. 1114, que se refiere a las hipótesis en las que el deudor pierde el beneficio del plazo. Precisamente, en el inc. 3° de esa disposición procede reclamar el pago no obstante que el término está pendiente si las garantías desaparecieran por caso fortuito, entre otras causas. Para la hipoteca véase el art. 1021 de nuestro cód. civ. Lo cierto es que no obstante que sí la prenda se pierde no por culpa del acreedor, sino por caso fortuito, estando en poder de dicho acreedor, el deudor deberá sustituirla con otra a satisfacción del acreedor, ya que de lo contrario procede la ejecución de la obligación garantizada.

Dentro del título que regula el servicio bancario de cajas fuertes, el 1839 dice:

«Cajas fuertes. En el servicio de cajas fuertes, el banco responde frente al usuario en cuanto a la idoneidad y a la custodia de los locales y en cuanto a la integridad de las cajas, salvo el caso fortuito».

Dentro de los preceptos del pago indebido nos encontramos con el:

2037.— Restitución de cosa determinada. Quien ha recibido indebidamente una cosa determinada, está obligado a restituirla».

«Si la cosa ha perecido, aunque sea por caso fortuito, quien la ha recibido de mala fe está obligado a abonar su valor; si la cosa está solamente deteriorada aquel que la ha dado puede pedir el equivalente, o bien la restitución y una indemnización por la disminución de valor».

«Quien ha recibido una cosa de buena fe no responde del perecimiento o deterioro de ella, aún cuando dependa de hecho propio, más que en los límites de su enriquecimiento».

En el cód. civ. del Perú esto se trata dentro de la posesión: el poseedor de mala fe responde de la pérdida o detrimento del bien, aún por caso fortuito. A contrario sensu, el poseedor de buena fe está exento de responsabilidad.

Y también la ley italiana se refiere a la fuerza mayor. V. g., en la prueba de la celebración del matrimonio. El 2° parágrafo del 132 del cód. civ. de Italia previene:

«Cuando hay indicios de que por dolo o por culpa del oficial público o por un caso de fuerza mayor, el acta de matrimonio no se ha insertado en los registros destinados a ello, la prueba de la existencia del matrimonio se admite, siempre que resulte en modo no dudoso una conforme posesión de estado».

Nosotros, al igual que en el derecho francés, legislamos que por el caso fortuito y la fuerza mayor el deudor no queda sujeto a los daños y perjuicios que produzca el incumplimiento de la obligación (art. 1319 del cód. civ. peruano). Al respecto, Planiol-Ripert y Esmein[147], después de expresar que la ley

---

147 Trat. Práct. de D. Civ. francés, VI, N° 382, p. 536 y ss.

utiliza indistintamente fuerza mayor y caso fortuito y que lo mismo hace la administración de justicia francesa, observan que la fuerza mayor se emplea cuando el obstáculo es de carácter invencible; y caso fortuito cuando ese obstáculo tiene el carácter de imprevisible. Agregan que ni el caso fortuito ni la fuerza mayor liberan siempre de responsabilidad al deudor. Así, cuando se hubiere podido y debido preverlos y evitarlos. Todo hecho es previsible; lo que varía es el concepto de su probabilidad.

Para el art. 1148 del cód. civ. francés los daños y perjuicios no se deberán si por caso fortuito o fuerza mayor el deudor hubiere estado impedido de dar o hacer aquello a que estaba obligado, o hubiere hecho aquello que estaba prohibido de hacer. Y el art. 1147 del mismo cód. declara que tampoco deberá daños y perjuicios el deudor que hubiere estado impedido de cumplir por una causa extraña no imputable a dicho deudor. Los daños y perjuicios que experimenta el acreedor en estos casos importan un riesgo que dicho acreedor debe sufrir.

Habría fuerza mayor o caso fortuito si el no cumplimiento de la prestación no puede imputarse a culpa del deudor. Planiol-Ripert y Esmein[148] advierten que existirá culpa del deudor si éste no obstante que el obstáculo es previsible no ha adoptado medida de ninguna clase para evitarlo, o si teniendo en cuenta el tiempo en que se presentó el obstáculo, que debió preverse, no se hubiere hecho por el deudor todo lo necesario para evadirlo.

Aunque el deudor deba arruinarse para cumplir, dedicando la totalidad de sus recursos, debe hacerlo; de lo contrario responde de los daños y perjuicios. La ley libera al deudor si existe imposibilidad y no dificultad de cumplimiento. Tratándose de obligaciones de hacer presonalísimas solo una enfermedad y agotamiento físico total liberan al deudor[149].

En cuanto a la culpa, Planiol-Ripert y Esmein[150] afirman que no existe una definición más cabal que la de conducta contraria a la que debiera haberse observado. Comprende toda aquella gama de casos en que el deudor incurre en culpa por torpeza, incapacidad, ignorancia, imprevisión. Empero, expresan que más neta es la noción de culpa cuando se incumple la obligación contractual, que importa hacer o no hacer determinado acto, en forma precisa; y que en la responsabilidad extracontractual también se trata de infringir el cumplimiento de una obligación señalada por una ley o por un reglamento. Advierten que la culpa es en algún caso intencional (dolo, en realidad); y en este caso existe una responsabilidad más acentuada. Para determinar la culpa hay que establecer a qué estaba obligado el deudor.

148 Trat. Práct. de D. Civ. Francés, VI, N° 382, p. 537.
149 PLANIOL-RIPERT y ESMEIN, Tratado, VI, N° 382, p. 538.
150 Trat. Práct. de D. Civ. francés, VI, N° 379, p. 529 s.

La prestación resulta imposible no solo porque existió un casus o, simplemente, ausencia de culpa en quien la debe, sino porque de ser cumplida aniquilaría económicamente al deudor. Esta es la solución alemana, a la que nos afiliamos y que puede observarse por quienes administran justicia en el Perú, si aplican el principio de la buena fe del art. 1328 C.C.

LA PRUEBA EN EL DERECHO

Otro instituto jurídico, —el de la prueba—, el más trascendente, lo encontramos también en el libro:

«... para sacar una verdad en limpio menester son muchas pruebas y repruebas»[151].

Estas expresiones de un hombre que evidentemente sabe derecho, se deben a que un muchacho (trujumán) del titiritero maese Pedro, narra que van a ejecutar la sentencia (solo los abogados sabemos en qué consiste la ejecución de un fallo). Y el muchacho agrega que el fallo habría de ejecutarse «aún bien apenas no habiendo sido puesta en ejecución (no habiendo sido probada) la culpa, porque entre moros no hay traslado a la parte, a prueba y estése (a lo resuelto)», como entre nosotros. Todas éstas son providencias judiciales harto conocidas en la brega de nuestra profesión.

En el derecho de los hombres todo es prueba, a no ser que exista alguna presunción. Quien prueba vence o, por lo menos, debería vencer.

En estos momentos, maese Pedro dirá:

«—Muchacho, no te metas en dibujos, sino que haz lo que ese señor te manda, que sería lo más acertado; sigue tu canto llano, y no te metas en contrapuntos, que se suelen quebrar de sutiles»[152].

Y pese a que en otro lugar don Quijote dice: ... que las armas de los togados son las mismas que las de la mujer, que son la lengua ...»[153].

---

151 «El ingenioso hidalgo...», cap. XXVI de la parte 2a. CERVANTES sabía que en el derecho de los humanos todo queda librado a la prueba de los hechos. La frase completa es: «Niño, niño —dijo en voz alta a esta sazón don Quijote—, seguid vuestra historia línea recta, y no os metáis en las curvas o transversales; que para sacar una verdad en limpio menester son muchas pruebas y repruebas».
Sabía CERVANTES distinguir prenda de caución. Por no poder prestar ésta es que continuó en la cárcel de Sevilla, forjando el libro excelso. Había caido tan hondo, que nadie quería ser su fiador.

52 «El ingenioso hidalgo...», cap. XXVIII de la parte 2a.

53 «El ingenioso hidalgo...», cap. XXXII de la parte 2a. En buena hora, porque primero fue el Verbo.

Sí; es verdad. El ejercicio de nuestra profesión requiere finura, sutileza, para interpretar la norma. Nosotros, somos hombres de matices.

Con la prueba al que administra justicia se le permite conocer la verdad. La prueba no persigue sino la verdad. El derecho se apoya en lo verdadero

CERVANTES en el pasaje reproducido, nos describe a quienes no necesitan de prueba alguna para determinar de qué lado está la justicia, o sea cuál es la verdad.

Solo Dios no necesita que se le acredite la verdad, porque Él sabe discernir justicia sin prueba. El siempre conoce inmediatamente qué es lo verdadero[154].

Sobre prueba también hay mucho en la libertad que da don Quijote a los galeotes. Antes habrá de decir el guarda de los galeotes «—Aunque llevamos aquí el registro y la fe de las sentencias de cada uno de estos desventurados...» (y los abogados entendemos que se trata de la fe que tienen ciertos funcionarios). Es entre esos condenados que nos encontramos con aquel galeote que no pudiendo resistir el tormento y que estaba sentenciado «por canario», habló de su delito, que era ser cuatrero; y se lee que iba «siempre pensativo y triste, porque los demás ladrones que allá quedan y aquí van, le maltratan y aniquilan y escarnecen y tienen en poco, porque confesó y no tuvo ánimo de decir nones; porque dicen ellos que tantas letras tiene un no como un sí, y que harta ventura tiene un delincuente que está en su lengua su vida o su muerte, y no en la de los testigos y probanzas; y para mi tengo que no van muy fuera de camino»[155].

En esa época la confesión del imputado era suficiente para condenarlo.

---

[154] En la Biblia leemos:
«Porque la palabra de Dios es viva y eficaz, y más cortante que toda espada de dos filos; y penetra hasta partir el alma y el espíritu, las coyunturas y los tuétanos, y discierne los pensamientos y las intenciones del corazón». Hebreos, 4: 12.
Y con respecto a los hechos humanos que hacen o que se localizan sobre las cosas, la Biblia dice:
«Y no hay cosa creada que no sea manifiesta en Su presencia; antes bien todas las cosas están desnudas y abiertas a los ojos de Aquel a quien tenemos que dar cuenta». Hebreos, 4: 13.
En San Mateo se dice:
«...y tu Padre que ve en lo secreto te recompensará en público». San Mateo, 6: 4.
«...El hombre no puede huir ni esconderse de Él». Jeremías, 23: 23 y 24.
Existen pueblos que antes que el testigo declare en el proceso, lo hacen jurar así:
—«Juro por Dios Todopoderoso y que lo sabe todo, que diré la verdad, que no ocultaré nada y no añadiré nada».

[155] Parte 1a., cap. XXII. Líneas antes el Quijote dirá:
«—Antes he oído yo decir que quien canta sus males espanta». Ahora todos sabemos cómo se libera quien confiesa. Empero, como había cantado bajo tortura, el galeote le respondió:
«—Acá, es al revés, que quien canta una vez llora toda la vida».

Es también a la prueba a la que alude el Quijote, en otro lugar, cuando se le recomienda a Sancho descubrir la verdad al administrar justicia. Le dirá:

«Procura descubrir la verdad por entre las promesas y dádivas del rico como por entre los sollozos e importunidades del pobre»[156].

En derecho, el descubrimiento de la verdad dentro de la litis, que se hace para otorgarle a uno o a otro de los litigantes la razón, —la victoria, en fin—, tiene un carácter ético. Empero, a la vez, es pragmático. Por lo común, nadie controvierte judicialmente por razones morales por lo menos, en el área civil.

En derecho, la verdad que se busca dentro del proceso-, es verdad fáctica, en cuanto esa verdad se apoya en los hechos que aportan los contendientes. Ellos llevan a la certeza, es decir, a la verdad.

Y la verdad «judicial» no viene a ser sino la correspondencia entre lo que una de las partes afirma y los hechos. La verdad que se alcanza, o se debe alcanzar, en el proceso, es así una verdad fáctica. No es una verdad lógica, en cuanto ésta no hace relación a ningún hecho. Por consiguiente, la verdad corresponde a los hechos. La pretensión que la parte invoca en juicio concuerda con los hechos; éstos corroboran la pretensión.

Y los hechos son los que existen por medio de la prueba.

Los hechos que dan nacimiento a la verdad fáctica pueden ser o no ser empíricos.

La verdad en el proceso es verosímil. Existe dentro de él la verosimilitud.

Averiguada la verdad, del lado de ella estará la justicia. Lo justo solo se aplicará a lo que resulta ser verdadero. Lo justo nunca se da a base del error. Este da nacimiento a lo falso.

La verdad en el proceso da nacimiento a la evidencia. Esta es ya una creencia. Parece, sin embargo, que dentro del ánima del juzgador, lo que para él es evidente, lo conduce a la verdad. Por el contrario, el error; la falsedad; la inautenticidad no pueden conducir a lo verdadero y de allí seguir a lo justo.

Lo justo es siempre verdadero; pero no lo contrario, porque existen hipótesis en que la verdad no se busca con el propósito de ser justo quien la encuentra.

El juez es, por lo común, ignorante de los hechos; y para formar su convicción debe probársele la verdad o falsedad de los hechos. La prueba se dirige a persuadirlo al juez.

La prueba es del hecho en cuanto éste tiene, con arreglo a ley, determinadas consecuencias jurídicas.

---

156 Parte 2ª., cap. XLII.

Una cuestión es cierta y no debe olvidarse jamás: Un derecho nada vale, si no puede probarse el hecho del que deriva.

Y aún probándolo, en veces no declara la justicia su exigibilidad.

La prueba en el actor, está destinada a persuadir al juez que lo que demanda debe dársele.

La prueba en el demandado persigue convencer al que juzga de la verdad de su *exceptio*, en cuanto ésta consiste en oponer una defensa a la acción incoada por el demandante.

En la Partida III, ley 1, tít. 14, se dice que «Prueba es un averiguamiento que se hace en juicio sobre cosa dudosa. Pertenece al demandante cuando el demandado negare la demanda, cosa o fecho. Y no probando debe ser absuelto el demandado».

Prueba viene del latin *probe*, que significa honrada y sinceramente. Asimismo, en latin la frase *ad probandum* importa convalidar o dar vigor.

También es necesario saber que el acto de probar significa fortalecer lo que uno afirma; vigorizarlo; darle fuerza; persuadir; convencer; dar crédito a lo que se expresa; acreditar.

La prueba constituye la parte de la procesalística que acusa más intensidad y donde se alcanza el más alto nivel, porque ella se ocupa del estudio de los medios para encontrar la verdad; la autenticidad que conduce a alcanzar la seguridad jurídica en la distribución de la justicia.

Y no obstante que en el proceso civil, son las partes las que deben aportar las pruebas- todavía podría resultar que fueren insuficientes, porque, en último término, corresponde al juez apreciarlas, ponderarlas, valorarlas; y ese criterio del juzgador para bastantear las pruebas puede no ser exacto, porque es subjetivo y se encuentra subordinado a su falibilidad como humano que es.

La prueba es eminentemente fáctica; consta de hechos. Por eso la prueba es, a la postre, historia. Es también realidad y es vida. ¿Qué se prueba? Hechos. Son los hechos que dan lugar a la aplicación de determinada disposición legal. Las partes se obligan a probar hechos: art. 337 del cód. de proc. civ. Las pruebas deben concretarse a hechos: art. 339 del cód. de proc. civ.

La prueba no es más que el descubrimiento de la verdad.

DOMAT[157] decía de la prueba que era «todo lo que persuade de una verdad al espíritu».

La prueba no solo debe atribuírsele valor pragmático, sino ético, en cuanto está destinada a hallar la verdad[158].

---

157 Cit. en la obra de los MAZEAUD, Lecciones de D. Civ., I, N° 388, p. 673.

158 «Cuando la verdad es detenida, el derecho perece». Isaías, 59: 15.

James Goldschmidt[159] expresa que las pruebas son actos de las partes destinados a convencer al juez de la existencia de un hecho que la parte a quien favorece afirma que existe. Son actos de parte. Agrega que las pruebas están destinadas a convencer al juez de la verdad. Pero es una verdad histórico- empírica; es decir, una «verosimilitud». En otro lugar, al tratar del fin de la prueba dice que va dirigida a lograr el convencimiento del juez, porque la verdad que persigue la parte es una verdad relativa. En cuanto a los medios de prueba son aquellos que pueden ser apreciados por los sentidos; arrojan esos medios apreciaciones sensoriales. Son cuerpos físicos y exteriorizaciones del pensamiento (instrumentos, certificados, dictámenes, declaraciones de parte y juramento).

Solo los hechos controvertidos debe tratar de probarse. El juez puede repeler las pruebas que no se concreten al asunto en litigio: art. 339 del cód. de proc. civ. Para ello el juez debe saber qué hechos deberán probarse.

Eduardo J. Couture[160] considera que probar es demostrar de algún modo la certeza de un hecho o la verdad de una afirmación.

En algunos casos se prueba el derecho; así, el derecho extranjero[161].

En general, el derecho no se prueba. Se reputa conocido por todos.

También ocurre que la ley nacional es discutida en su vigencia. Es por eso que hay que probar que se encuentra en vigor.

Francesco Carnelutti[162] expresa que cuando el hecho no está presente, el juez tiene que servirse de otros objetos que le permitan conocer el hecho ausente; y que esos otros objetos son las pruebas. La prueba tiene por finalidad que el juez conozca el hecho o los hechos materia de la litis.

En otros casos, como en ciertos contratos civiles y en derecho mercantil, se prueba la costumbre. El art. 341 del cód. de proc. civiles se refiere a la prueba de la costumbre.

Existen juicios de puro derecho, en los que no hay nada que probar.

---

159 Derecho Procesal Civil, traducción de la 2a. ed. alemana, Edit. Labor S. A., Barcelona, 1956, § 44, p. 253 ss.

160 Fundamentos del D. Procesal Civil, 3a. ed., Depalma, editor, Buenos Aires, 1958, N° 135, p. 215.

161 La ley extranjera debe probarse. Sobre la prueba de la ley extranjera y su sentido, o sea, su interpretación, legislan los arts. XI, XII y XIII del T. P. del cód. civ. peruano.

162 Instituciones del Proceso Civil, I, Ed. Jurídicas Europa-América, Buenos Aires, 1959, N° 163, p. 257. En otro lugar, dice que los códigos de procedimientos solo tratan de la dinámica procesal y de los modos particulares como se utilizan las pruebas en el proceso. Pero que el concepto de cada una de las probanzas esta en el C.C. de Italia: art. 2696 ss. Véase N° 163, p. 258.

La ley no necesita ser probada. Debe conocerla el juzgador. Sin embargo, si el letrado que defiende a la parte no la invoca y el juez la desconoce, se corre el riesgo de perder la litis.

En derecho mercantil si es necesario probar la costumbre; y lo mismo ocurre en el contrato de locación-conducción. El art. 2 del cód. de comercio del Perú prevé que los actos de comercio se rigen por sus disposiciones y, a su falta, por los usos. Estos que forman la costumbre mercantil deben probarse. Sin embargo, con respecto a los contratos comerciales el art. 50 del cód. de comercio no se refiere como fuente supletoria a la costumbre, sino al cód. civ.

La ley peruana no necesita probarse; y se aplica aunque la parte no la invoque, si es que el juez que conoce del proceso sabe de su existencia. Empero, la ley extranjera puede probarse y lo hace la parte a quien favorezca; asimismo- la parte puede probar su sentido, o sea su interpretación, no por lo que se observa en la jurisprudencia del país extranjero del que la ley proviene (salvo que se trate de aquellos países que otorgan valor más o menos decisorio a la jurisprudencia), sino por lo que dicen sus autores en los libros que hubieren escrito. Es siempre sospechosa la opinión de sus juristas vertida en informes y pareceres que les fueron solicitados y pagados por su clientela. El derecho del colitigante de probar la ley extranjera está contenido en el art. X del T. P. del cód. civ. Y los jueces, —no en forma general—, sino en cada caso de que estuvieren conociendo y sin que nadie se lo pida, pueden solicitar al Poder Ejecutivo que por vía diplomática, consiga del Poder Judicial del Estado cuya ley se trata de aplicar, un informe sobre la existencia de la ley y su sentido: art. XII del T.P. del cód. civ. Es obvio que la vigencia de la ley y su cabal interpretación debe hacerse por el tribunal de mayor jerarquía del país cuya ley se trata de aplicar en el Perú. Existen evidentemente casos en Derecho Internacional Privado, en los que en el Perú deberá observarse no nuestra legislación, sino la legislación foránea. Son aquellos cuyo conocimiento no se encuentre reservado en forma exclusiva a la justicia peruana y que mencionan los arts. 1158, 1159 y 1160 del cód. de proc. civ.

Existe una profunda diferencia en la producción de la prueba en el fuero civil y en el fuero penal.

En el área civil la prueba la deben producir las partes. El juez puede actuar limitadamente pruebas de oficio (art. 340 del cód. de proc. civ.), pero en ningún caso, para suplir la omisión de la parte en la prueba que a ésta le respecta[163].

---

[163] Sent. 30 de octubre 1929; «El Comercio», 7 noviembre de 1939.
En la prueba penal el juez tiene una función activa. En la prueba civil la determinación de su objeto, su extensión y la elección del procedimiento corresponde a los colitigantes. El juez civil no interviene. Sin embargo, ahora se tiende a darle la posibilidad que él mismo pueda producir probanzas que las partes han omitido.

En lo penal, la instrucción dice el art. 72 del cód. de procedimientos penales, tiene por objeto reunir la prueba del delito; y el art. 49 del mismo cód., previene que el juez instructor es el director de la instrucción y le corresponde la iniciativa en la organización y desarrollo de la instrucción; o sea es él quien debe producir la prueba, porque al agente (que es solo inculpado), se le presume inocente. Es la justicia penal, —por intermedio del juez o del tribunal—, quien debe probar la responsabilidad del imputado o acusado, en su caso.

El abogado del inculpado no tiene, por eso, necesidad de producir prueba. De allí que en lo civil, el abogado debe ser hábil en probar; el juez no necesita serlo. En lo penal, por el contrario, la habilidad para probar corresponde al juez.

Couture[164] distingue entre prueba penal y prueba civil. Después de afirmar que el probar es un método de averiguación y comprobación, dice que la prueba penal es averiguación; búsqueda; está dirigida a encontrar algo; y la prueba civil es comprobación; demostración, corroboración de la verdad o falsedad de las afirmaciones formuladas en la secuela del juicio. La prueba penal la busca el juez instructor (entre nosotros). La prueba civil debe producirla la parte a quien conviene y el juez no puede suplir la negligencia de la parte que olvida probar aquello que debería probarlo. El juez civil es ajeno a los hechos sobre los que deberá pronunciarse en su fallo. Y para formar su convicción hay que probarle la verdad o falsedad de determinadas proposiciones.

El juez penal es un investigador de la verdad; el juez civil no. Es por eso que la prueba civil no es una averiguación de la verdad o falsedad de la demanda. El juez civil solo toma conocimiento de la prueba que le ofrecen quienes litigan. El juez penal es un averiguador de la verdad; es un hechor de la verdad.

El juez en lo civil no conoce más que de las pruebas que le ofrecen los litigantes. Este juez no indaga por sí mismo, como lo hace el juez en lo penal. Sin embargo, en el art. 340 del cód. de proc. civ., se faculta al juez, en cualquier estado del proceso, a ordenar las pruebas que juzgue necesarias, con excepción de la prueba de testigos y la de juramento decisorio.

La prueba se omite si el demandado se allana a la demanda (conviene en la acción incoada). Ese allanamiento obra contra el demandado, aunque no se pronuncie sentencia y, prácticamente, importa el reconocimiento del derecho del actor. Sin embargo, el juez debe pronunciar sentencia no obstante que el demandado conviene en los extremos de la demanda, según el art. 322 del cód. de proc. civ.

---

[164] Fundamentos de D. Procesal Civil, 3a. ed., R. Depalma editor, Buenos Aires, 1958, N° 9 135 s., p. 215 s., y p. 217.

Quien está exigiendo que se pruebe determinado hecho en realidad está confesando la existencia de ese hecho, razón por la que no podrá después negarlo en la parte o en el aspecto que le es desventajoso.

La prueba es un medio de instrucción para el juzgador que conoce del juicio.

Cada una de las partes tiene derecho a probar lo que le conviene. Nuestro cód. de proc. civ. en su art. 337 considera que la prueba constituye una obligación y no un derecho de la parte cuando dice «las partes deben probar los hechos que aleguen».

La prueba que se basa en documentos sirve no solo dentro de los juicios. Sirve dentro de la vida de relación para acreditar determinados hechos. Por ejemplo, el recibo comprueba que se pagó una prestación; la partida del Registro del Estado Civil acredita para una persona determinado status. Los certificados literales de dominio y los de gravámenes (ahora las fichas) del Registro de la Propiedad Inmueble, prueban el derecho de propiedad y la existencia o inexistencia de cargas o gravámenes y/o medidas precautorias que limitan o restrinjan el dominio sobre el inmueble inscrito.

El allanamiento del demandado detiene la prueba, concluye el juicio. No hay más que dictar sentencia, como la ordena el art 322 del cód. de proc. civ. del Perú; y esa sentencia será en contra del demandado, sin necesidad de prueba.

Hay pruebas preconstituidas y pruebas a asumir. Las primeras pre-existen al proceso o al negocio jurídico que después originará la controversia. Las pre-constituidas existen desde antes de ser opuestas.

Existen pruebas críticas, que son las que el juez pondera acerca de la existencia o inexistencia del hecho que se quiere con ellas acreditar. Así, la prueba de testigos; la prueba pericial; la prueba por instrumentos privados no reconocidos (arts. 490, 504 y 433 del cód. de proc. civ.). Hay otras pruebas que son plenas. Así, la de confesión; la prueba de inspección ocular; la prueba de instrumentos públicos y la de instrumentos privados reconocidos en su contenido y firma o solo reconocidos en su firma pero que no muestran al simple examen el haber sido alteradas en su contenido (arts. 378, 396, 405 y 430 del cód. de proc. civ.).

Al instrumento público se le llama también acto auténtico. *Prima facie* se le tiene en nuestro derecho procesal, por verdadero. Solo deja de tenerse por verdadero si existe sentencia pasada en autoridad de cosa juzgada- que lo declare nulo o falso, pronunciada necesariamente en juicio ordinario. En otros derechos, como el italiano, el instrumento público no hace prueba plena contra todos si se formula contra él querella de falsedad[165].

---

165 Véase F. MESSINEO, Manual de D. Civ. y Com., II § 48, N° 5, p. 510 y s.

Obviamente, la prueba de los hechos jurídicos es libre. Sin embargo, un hecho jurídico como la filiación legítima o ilegítima necesita de pruebas específicas. Por ejemplo, en cuanto a la ilegítima se prueba con el reconocimiento, que puede hacerse por escritura pública, o en testamento, o por firma del progenitor puesta en la partida, o por sentencia ejecutoriada declarativa de la paternidad ilegítima: arts. 354, 355, 356, 357 y 366 del cód. civ. peruano. La filiación legítima se prueba no solo con la partida de nacimiento, sino con la partida de matrimonio de quienes aparecen como padres en la partida de nacimiento, o con sentencia pasada en autoridad de cosa juzgada si el padre lo niega al hijo y la sentencia es favorable al hijo (art. 311 del cód. civ.), o por la legitimación (art. 314 y ss. del cód. civ.). Mientras no exista partida firmada por el padre, o escritura pública de reconocimiento de la paternidad ilegítima, o sentencia pasada en autoridad de cosa juzgada en el proceso de filiación ilegítima, la persona no podría probar su calidad de hijo de determinada persona. En cambio, la filiación materna ilegítima se prueba solo con el hecho del nacimiento —art. 349 del cód. civ. peruano—, o sea la partida de nacimiento en la que aparece el nombre de la madre, aunque dicha partida no se encuentre firmada. Debe cuidarse de identificar a la madre, al inscribir.

En cambio, el matrimonio puede probarse con cualquier otro medio, si se justifica no solo la falta de partida, sino la falta o pérdida del registro del estado civil (art. 127 del cód. civ.). Vale la posesión constante del estado de casados; las partidas de nacimiento de los hijos con la calidad de legítimos; o si la prueba del matrimonio deriva de un juicio penal: arts. 128 y ss. del cód. civ.

El despacho telegráfico o telefónico (o por otros medios de transmisión), prueba como el instrumento privado, si el original se encuentra suscrito por quien lo ha expedido y la firma ha sido notarialmente legalizada. Es obvio que no es el contenido del despacho recibido el que obliga a quien lo suscribió, sino el original y éste no presenta enmendaturas o tarjas.

Para el código tributario peruano la falta de pago de los tributos al Estado priva a los instrumentos en que se comprueba dicha falta de su eficacia probatoria. En general, no solo le quita el servir de medio de prueba, sino que el instrumento presentado con omisión del pago de los impuestos que ha causado, dice textualmente el parágrafo final del art. 80 del cód. tributario, que «no surtirá efectos legales». Por ejemplo, no podría servir como prueba del pago, porque es éste uno de sus efectos legales.

Existen contratos en los que para probar su existencia se necesita prueba documental. Otros contratos reclaman la documentación para que lleguen a constituirse. En este último caso, la documentación es *ad substantiam*. En el primer caso, la documentación se reclama *ad probationem*.

Tenemos hipótesis en que no existiendo instrumento, el contrato puede probarse con la confesión, por ejemplo; o con testigos, cuyas declaraciones no han sido negadas.

Hay entonces una documentación que es forma y una documentación que es prueba, sea que haya sido establecida por la ley o por el convenio de las partes.

En otros negocios jurídicos, por ejemplo, en el matrimonio, si bien la partida prueba el matrimonio, si ella falta puede probarse por otros medios (arts. 127 y ss. del cód. civ.). La partida de los registros civiles es necesaria para la eficacia pero no para su existencia. Es evidente que el hecho del matrimonio existe y puede acreditarse, aunque falte la partida; puede, en fin, reconstituirse dicho hecho.

Si el instrumento se exige como prueba, su pérdida no supone la inexistencia del negocio, ya que puede probarse por otros medios. Pero si el instrumento es exigido o reclamado como forma, perdido dicho instrumento, no hay manera de probarlo.

La falta de forma de un contrato o de un acto solemne (*forma dat esse rei*) no puede sustituirse con la confesión, porque los preceptos que exigen determinada forma en ciertos actos o contratos tienen carácter imperativo y su ausencia produce la nulidad (no la anulabilidad): art. 1123, inc. 3° del cód. civ. peruano.

La forma es instrumental, casi siempre. Existen ciertos negocios jurídicos como la fianza, que no reclaman instrumento público, sino cualquier instrumento como forma, bajo pena de nulidad: art. 1776 cód. civ. peruano.

Cuando la ley exige una forma determinada, dicha forma puede servir de medio de prueba. Es evidente que la forma cumplida dentro de la instrumentación hace posible la prueba. La forma entonces cumple funciones probatorias. Sin embargo, la forma en ciertas hipótesis legales le da eficacia a determinado negocio jurídico. Ejemplo, la forma en los testamentos. Se trata de forma que al no ser observada produce la nulidad y no la anulabilidad del negocio jurídico. En este caso se trata de forma *ad substantiam*, forma constitutiva (art. 1123, inc. 3° cód. civ.) (*forma dat esse rei*). Ello no obstante, pese a que la forma la exige la ley *ad essentiam*, esa forma tiene función probatoria y es la única que prueba la existencia del negocio jurídico y de las obligaciones que del mismo emergen. El art. 407 del cód. de proc. civ. previene: «Si la ley exige como solemnidad de algún acto el otorgamiento de instrumento público, éste es el único medio de probar la realidad y legitimidad del acto». No existe, pues, otro medio de probar el negocio jurídico si desaparece el instrumento público, v. g., que lo contiene. Por lo general, la forma escrita (documentación) se reclama con finalidad probatoria. En este sentido, como la prueba se destina a establecer la verdad, lo más trascendente viene a ser la prueba.

Los vicios de la voluntad importan hechos jurídicos, cuya prueba puede hacerse libremente, con los medios limitativamente señalados en el cód. de proc. civ., en su art. 347.

Los vicios de la voluntad como error, dolo, violencia, simulación, etc., constituyen hechos jurídicos, lo mismo que la incapacidad por enajenación mental o por déficit de edad; necesitan no prueba tasada o limitada, sino que esa prueba es libre; no necesariamente instrumental. Sin embargo, ciertos casos de simulación (como el de celebrar un contrato aparente, dirigido a engañar a los extraños, y otro contrato confidencial, que es el real), si necesita prueba auténtica (por instrumento). Nuestro cód. de proc. civ., empero, en su art. 411, declara que «los contra-documentos privados que destruyan o enerven el valor de una escritura pública, no producirán efecto contra los sucesores de los otorgantes a título particular». Quizá habría sido mejor agregar «contra los sucesores de los otorgantes a título particular y oneroso».

En la simulación la prueba es contra un instrumento que la contiene. Es por ello que es difícil siempre y muchas veces imposible probar la simulación, a no ser que se cuente con el contra-documento.

La prueba del negocio jurídico debe, en principio, ser instrumental. En algunos contratos la prueba puede derivar de la confesión, pero no del dicho de testigos, por extraordinariamente buena que fuere la calidad de los testigos.

El testamento solo puede ser probado con instrumento; y únicamente en las formas testamentarias que la ley regula.

Es la reivindicatoria la acción de tutela del derecho de propiedad por excelencia.

Es para inmuebles y muebles, aunque más difícil para éstos. por lo dispuesto en el art. 890 del cód. civ. del Perú.

En ella el actor debe probar su derecho de propiedad. Por ejemplo, para inmuebles el que emane de un título; y si dicho título es derivativo deberá probar el derecho de propiedad de su autor y así sucesivamente, hasta cumplir, según los casos, uno cualquiera de los dos plazos de la prescripción adquisitiva: art. 871 del cód. civ. del Perú. En otro caso, es bueno el título del Registro de la Propiedad inmueble si existe en el mismo enajenación a título oneroso: art. 1052 cód. civ. del Perú.

Prueba que solo arroja una presunción de propiedad es- el pago de la contribución predial. Tampoco tienen valor jurídico absoluto los mapas o planos oficiales.

La acción declarativa de propiedad o los títulos supletorios de dominio no exigen una prueba tan morosa como en la reivindicación.

El demandado estaría protegido por la presunción le gis de que al poseedor se le tiene por propietario: art. 827 cód. civ. del Perú.

COLIN y CAPITANT[166] hacen saber que es necesario probar los hechos, los actos materiales o jurídicos que le dan origen a determinado derecho; y que un derecho que no se puede probar carece de utilidad; es un derecho que no existe. Agregan que la prueba debería encontrarse en la ley procesal, porque es ante los jueces que los interesados deberán probar sus pretensiones. Pero también es de derecho civil, porque la parte debe probar aún fuera de juicio. Asimismo, los medios de prueba otorgan seguridad a los derechos adquiridos y dominan todo el derecho civil.

Una locución muy antigua reza: *Da mihi factum, dabo tibi jusf* o sea «indícame cuáles son los hechos, yo te diré el derecho».

Son hechos que producen consecuencias jurídicas. Por ejemplo, los contratos u otros negocios jurídicos, como son los testamentos y otras obligaciones provenientes de la voluntad unilateral.

La prueba de la paternidad legítima no puede hacerse por medios directos y es por eso que el cód. civ. ha establecido una presunción en el art. 299 por la que el hijo nacido dentro del matrimonio o dentro de cierto término a contar de su disolución, tiene por padre al marido.

Quien reclama una obligación debe probarla. Y si el deudor pretende estar liberado, éste deberá justificar el pago o el hecho que ha producido la extinción de la obligación. Véase art. 1315 del cód. civ. francés.

Sin embargo, la cuestión no es tan simple. Por ejemplo, X cobra a Z una obligación. Z arguye que la ha pagado, pero por consignación. Además, la obligación puesta a cobro era en moneda extranjera; y el deudor Z consignó una cantidad en moneda nacional, que según el acreedor X, era diminuta, si se tiene en cuenta el cambio que debía regir el día del pago. En este orden de ideas, el juez debe determinar cuál es el día del pago. Así, si es el día en que X exigió el cumplimiento de la obligación; o si es el día en que Z hizo la consignación.

Examinemos ahora el valor de la prueba testimonial:

En la prueba de testigos se trata de la deposición de éstos. El testigo produce testimonio sobre hechos que presenció o que ha oído hablar de ellos. El testigo no puede formular apreciaciones sobre los hechos; y si lo hace el juez no deberá permitirlo, ni menos permitir que consten en el acta que se labre por el escribano (llamado ahora secretario). La experiencia nos dice que testigos se encuentran para todo. El colitigante consigue personas compla-

---

[166] Curso Elemental de D. Civ., I, trad., Madrid, 1922, p. 198 y ss. Consideran que la prueba más que procesal es de derecho civil, porque los hombres tienen también que probar fuera del proceso. En el mismo sentido, BAUDRY-LACANTINERIE et Barde, Traité Theorique et Pratique de Droit Civil, t. III, N° 2059 y 2063.

cientes que declaran falsamente. Sin embargo, la calidad moral del testigo da o quita fuerza a su deposición[167]. En general, la de testigos es prueba débil.

No hay prueba de testigos que enerve lo que se declara en un documento. Esta doctrina está contenida en el art. 1341 del cód. civ. francés:

«Il doit être passé acte devant notaires ou sous signature privée, de toutes choses excédant la somme ou valeur de... francs, méme pour dépots volontaires; et il n'est reçu aucune preuve par témoins contre et outre le contenu aux actes, ni sur ce qui serait allégué avoir été dit avant, lors ou depuis les actes, encore qu'il agisse d'une somme ou valeur moindre de... francs».

Probar una proposición es demostrar su exactitud dicen Baudry-Lacantinerie et Barde[168]. La prueba se hace para persuadir de la verdad. Se trata de demostrar la exactitud de un hecho que sirve de fundamento al derecho que se pretende. La prueba judicial importa la demostración de un hecho. La ley no se prueba; solo se interpreta, a no ser que se trate de una ley extranjera, en la que también es lícito probar su sentido, o sea interpretarla, además de su existencia.

La prueba judicial emana de ciertos procedimientos consagrados por la ley.

Probar es demostrar de algún modo la certeza de un hecho o la verdad de una afirmación[169].

Planiol-Ripert y Esmein[170] consideran que probar en lo judicial es someter al juez que conoce de un juicio, elementos de convicción que justifican la veracidad de un hecho que alega una de las partes y que niega la otra parte.

En substancia, la prueba habrá de decidir quién tiene derecho y quién no lo tiene.

Solo la prueba vivifica el derecho y lo hace útil[171].

El litigante tiene el derecho de probar lo que alegue en su favor[172]. Empero, no se encuentra obligado a probarlo. El actor (demandante) deberá probar

167 El Fuero Real (libro II, tít. VIII, ley I) con respecto a la testimonial decía: «En todo pleyto vala testimonia de dos bornes buenos».

168 Traite théorique et Pratique de Droit, XIV, ed. 1908, N° 2054, p. 415, tomo III.

169 Es lo que dice COUTURE Eduardo J., Fundamentos de D. Procesal Civ., ed. Depalma, Buenos Aires, 1958, N° 135, p. 215.

170 Trat. Práctico de D. Civ. francés, VII, N° 1407, p. 749. Véase también para el concepto de prueba, CARNELUTTI Francesco, Instituciones del Proceso Civil, vol. I, Buenos Aires, 1959, N° 163 ss., p. 257 ss., para quien la prueba está dirigida al Juez, para que conozca el hecho o los hechos del proceso, que no figuran en éste.

171 PLANIOL-RIPERT y Esmein, Trat. Práct. de D. Civ. francés, VII, N° 1406, p. 747.

172 PLANIOL-RIPERT y Esmein, Trat. Práct. de D. Civ. francés, VII, N° 1411, p. 754. Véase en el cód. civ. de NAPOLEON los arts. 1315 a 1369 inclusive.

la existencia del derecho que reclama. El juez civil es neutral. El no hace sino recibir las pruebas. El juez solo aprecia, pondera las pruebas producidas por las partes; y no otras que pudieren llegar a él independientemente de la actividad desarrollada por los litigantes.

Existen pruebas preconstituidas, que se preparan por adelantado y solo por precaución (aunque algunas veces su existencia se debe a otras causas). Son pruebas preparadas para los supuestos en que se abra después litigio.

La prueba en el Derecho es mucho más importante que en otras disciplinas, por cuanto de la prueba depende la decisión judicial que aumenta o disminuye el patrimonio o, en casos más graves, priva de la libertad y/o de la vida.

DEVIS ECHANDÍA Hernando[173] expresa que forman la prueba las razones o motivos que sirven para llevarle al juez la certeza sobre los hechos; y los medios de prueba son los elementos o instrumentos que utilizan las partes y el juez que suministran esas razones o motivos.

Para MESSINEO[174] prueba es la representación de un hecho, siendo su consecuencia que se demuestre la realidad o la irrealidad de dicho hecho. Y agrega que si un hecho no se prueba es como si no existiese.

También dice el autor italiano que son los hechos jurídicos los que se prueban; y que dentro de la frase «hechos jurídicos» se comprenden no solo los hechos naturales, sino los hechos humanos, los actos jurídicos y los negocios jurídicos.

Corresponde al juez admitir y apreciar (valorar) las pruebas producidas por las partes.

Quien está obligado a probar ciertos hechos asume una carga. Le corresponde el *onus probandi.*

La prueba no debe provenir de uno mismo; de quien la aduce. No; la prueba debe provenir de terceros. Es decir, nadie puede producir prueba que él constituya y que lo favorezca. Por el contrario, constituye prueba contra él un instrumento que provenga de él.

Quien pide que se admita una prueba sobre determinado hecho, está reconociendo que dicho hecho existe y no podrá después, —aunque la prueba no se admita—, negarlo en la parte que vaya en su contra.

Si la prueba de los hechos es insuficiente y existe duda sobre la existencia de dichos hechos se aplica el principio *actore non probante, reus absolvitur.*

---

[173] Teoría General de la Prueba Judicial, X, 2ª. ed., Buenos Aires, 1972, Nº 11, p. 33 s.
[174] Manual, II, § 43, Nº 3, p. 509.

Sobre la obligación de probar, o sea sobre carga de la prueba rige la máxima *onus probandi incumbit ei qui decit.*

Sin embargo, si el demandado (reo) deduce una excepción para defenderse de la acción del demandante (actor), debe observarse la regla *reus in excipiendo fit actor.*

Los Mazeaud[175] expresan que en el caso de que el derecho de alguien sea negado, debe aportar la prueba del hecho por la que tal derecho ha ingresado en su patrimonio.

Los jueces en sus fallos indagan y señalan si la prueba de un derecho ha sido o no aportada.

También los Mazeaud[176] expresan que los derechos dinerarios o los derechos de la personalidad han sido adquiridos por una persona mediante un acto o un hecho jurídico (en realidad, obligaciones activas y pasivas han sido adquiridas por el sujeto mediante negocios jurídicos, llámense éstos contratos, actos sucesorios o derechos de familia; y también por efecto de hechos jurídicos tan solo). Por consiguiente, corresponde al beneficiario probar la existencia del hecho jurídico o, más aún, del negocio jurídico de que proviene el derecho que otorga la obligación.

En cuanto a la carga de la prueba, es importante decidir cuál de las partes debe cumplir con esa carga. Corresponde probar a quien afirma la realidad de un hecho. En general, al demandante incumbe probar (*Actori incumbit probatio*). Si el demandado se limita a negar el hecho demandado nada tendría que probar. Empero, si el demandado alega la existencia de un hecho destinado a negar la demanda, —v. g., no niega que se le dio prestado dinero pero que lo ha pagado—, necesita entonces el demandado probar el hecho que lo libera (*reus in excipiendo fit actor*). Por tanto, si el demandado dice que ha pagado esta excepción de pago lo convierte, a su vez, en actor de dicha excepción.

El acreedor, por ejemplo, debe probar la existencia del contrato que le otorga esa calidad. El contrato es más que un hecho o acontecimiento; es un negocio jurídico.

Los Mazeaud[177] en cuanto a la prueba, diferencian dos clases de obligaciones, como lo hacen muchos civilistas. Así, existen unas obligaciones que son llamadas obligaciones de resultado u obligaciones determinadas; y obligaciones de medios, que son obligaciones de prudencia y de diligencia. La prueba tiene sus peculiaridades para ambas clases de obligaciones. Por ejemplo, el expedidor que ha entregado un bulto al porteador para que éste lo

---

175 Lecciones de D. Civ., I, Lección XIX, p. 543.

176 MAZEAUD, Henri, León y Jean, Lecciones de D. Civ., I, N° 371, p. 547.

177 Lecciones de D. Civ., X, N° 377, p. 552. Véase también N° 343, p. 506 s.

entregue a cierto destinatario, probará con facilidad que dicho bulto no fue entregado al destinatario. Pero si la obligación es de medios, o sea la que asumió un cirujano por efectuar una operación a paciente determinado, es difícil probar la negligencia y descuido de dicho cirujano ante un resultado malo de la operación, porque se trataría de obligación de prudencia y diligencia. El que se crea acreedor de la obligación deberá probar la imprudencia del autor del daño a fin de acreditar el incumplimiento de la obligación.

Para el que expide el bulto porteado le basta aseverar que dicho bulto no llegó a su destino. Corre a cargo del porteador demandado probar que lo entregó ya que exhibe el documento que acredita la recepción. Y si no lo hizo, deberá probar que hubo una «causa ajena» que le impidió cumplir con su obligación y esa prueba es difícil. Solo puede derivar dicha prueba de un hecho imprevisible e irresistible, como es la fuerza mayor, o la culpa de la víctima que en realidad dividiría la responsabilidad. Esta es una obligación determinada. La otra es una obligación indeterminada o de medios.

Véase AUBRY et RAU[178] y DEMOLOMBE[179]. Para el primero, probar es someter al juez elementos de convicción que justifican la verdad de un hecho. No conduce la prueba a una certeza absoluta, pero persigue convencer al juez. DEMOLOMBE se refiere a que las reglas del cód. de NAPOLEÓN relativas a la prueba de las obligaciones, en realidad son susceptibles de aplicarse al acreditamiento de todos los derechos. La prueba es la demostración de la verdad de un hecho que afirma una de las partes y que niega la otra.

Carlo FURNO[180] investiga cuál es la verdad que se quiere encontrar con la prueba. No es, —dice—, la verdad absoluta, sino que es una verdad contingente, histórica. Es la verdad de los humanos. Subjetivamente, esta verdad es certeza; y la certeza es de cada individuo, conforme al conocimiento que tiene cada cual. Por tanto, la verdad dependería de la aptitud del sujeto para conocer. Esta sería la «verosimilitud» de los germanos. Resulta, por tanto, que puede no ser cierto aquello de que uno se encuentra convencido, creyéndolo verdadero. Probar no sería más que convencer al juzgador; que él tenga fe de la verdad; que él tenga «certidumbre» o «convicción» de la realidad del hecho.

Para SILVA MELERO Valentín[181], después de señalar que resulta difícil definir la prueba examina los vocablos que en lo procesal hacen que «prueba»

---

178 Cours de Droit Civil Française, ed. 1922, XII, § 749, p. 62 ss.

179 Traité des contrats, ed. A. Lahure, Imprimeur-éditeur, XXIX. N° 181 y ss., p. 180 ss.

180 Teoría de la prueba legal, Editorial Rev. de D. Privado, Madrid, 1954, trad., p. 17 ss.; vid. especialmente n. 17 de la p. 18.
De mis años de estudiante en la Facultad de Derecho de San Marcos, un viejo catedráticos nos repetía un pensamiento de la Iberia de los fueros. Decía «No solo hay que tener el derecho, sino saberlo probar; y, sobre todo, que se lo quieran dar».

181 La prueba procesal, I, Editorial Revista de D. Priv., Madrid, 1963, p. 30 ss.

equivalga a «justificar», «manifestar», «demostrar o hacer patente la certeza de un hecho», «corroborar», «confirmar», «verificar», «aclarar», «esclarecer», «averiguar» o «cerciorar»; y que, sin embargo, con estas expresiones no se abarca todo el contenido de la prueba. Agrega que la prueba va dirigida a obtener la certeza y trata de convencer al juez sobre la verdad o falsedad de una afirmación o la existencia o inexistencia de un hecho. Todo precepto de la ley se basa en un hecho. Asimismo, la prueba no se destina a persuadir, sino a formar el convencimiento del juez, ya que va dirigida a formar la convicción de un tercero.

Evidentemente, la prueba está dada para la búsqueda de la verdad. Silva Melero, citando a Fiorelll que ha escrito *«La tortura giudiziaria nel diritto comune»,* (1953), II, p. 205, expone textualmente el pensamiento de este autor, en que para la antigüedad el tormento estaba justificado lógicamente, porque se trataba de un medio para descubrir por los jueces, la verdad. Y esa misma justificación también tuvo en el medioevo[182].

En otro lugar, Silva Melero se refiere al objeto de la prueba que en abstracto, está formado por realidades susceptibles de ser probadas; y en concreto, realidades que deben ser probadas en determinado proceso. Diversas teorías de la prueba enuncian que se acreditan hechos; o se acreditan hechos y afirmaciones; o solo afirmaciones.

Para Lehmann[183], quien insta la determinación judicial (quien demanda unos efectos jurídicos), debe probar los hechos litigiosos de los que depende la existencia de los hechos jurídicos; pero no la inexistencia de un motivo de extinción del derecho alegado por el demandado. La prueba de ese motivo extintivo corresponde al *reus*. Solo debe probar los presupuestos procesales de la decisión judicial que está instando. En cuanto a los presupuestos materiales del derecho que se reclama, solo precisa probar los hechos genéticos normales; y los fundamentos anormales que se oponen al nacimiento del derecho y los motivos de extinción del derecho deberá probarlos la parte contraria (el demandado).

Cada parte deberá probar la existencia de todos los presupuestos de las normas que le favorecen. El demandante debe probar el nacimiento del derecho. El demandado probará el impedimento u obstaculización del nacimiento del derecho o su extinción[184].

---

182 La prueba procesal, I, n. 20 de la p. 18. Vid. CICERÓN, Pro L. Murena y Pro P. Sila» (1957), p. 130, que examina lo que el juzgador obtiene con la tortura, en que la desesperación, la debilidad, la pasión y el mismo ánimo del que la ordena, deja sin espacio a la verdad, que sería su justificación. Cit. también por SILVA MELERO, en n. 15 de la p. 11 de su t. I.

183 Trát. de D. Civil, vol. I, Parte General, N° III, 2. p. 153.

184 ROSEMBERG, Lehrb. d. Zivilprozeszr., 5, 515, citado por Heinrich LEHMANN, en Trat, de D. Civ., I, P. gral., N° III, 2, p. 154.

V. g., demanda de mutuo negada por el reo, en que el actor debería probar que entregó al demandado cierta suma de dinero- conviniendo que se la devolviera en cierto término.

En el BGB (C.C. alemán) los §§ 282, 363, 345, 358, etc., previenen quién habrá de probar. En otros casos establece una presunción y exonera de la prueba a quien dicha presunción favorece. Así, § 484.

JOAO MENDES DE ALMEIDA jr.[185] expresa que las pruebas son los medios por los cuales la inteligencia busca afirmar su adhesión al objeto. Probar el derecho es reconocer que determinado hecho tiene tal ley que le es aplicable. Cita a PEREIRA DE SOUSA, para quien la prueba es el alma del proceso; y a BENTHAM, para el que el proceso no es más que el arte de administrar las pruebas. También menciona a MASCARDUS, quien manifiesta que es en la prueba en donde radica toda la fuerza del juicio. Quien no puede probar es como quien nada tiene. Lo que no puede ser probado es como el no ser. Ambos son la misma cosa. Incuestionablemente, si no se prueban los hechos a los que sería aplicable el derecho invocado cómo podría aplicarse ese derecho?

No son raros los casos que se parecen al que menciona PAULUS en el DIGESTO, XXVI, 30, tit. de testamentaria tutela: « ... *si id non apparet, non ius déficit' sed probatio, igitur neuter est tutor*».

PAULO hace notar que no falta el derecho sino la prueba y, por consiguiente, si esto no aparece nadie es tutor.

JOAO BONUMA[186] distingue la prueba en general de la prueba procesal. La primera está formada por los medios o instrumentos que vienen a producir en el espíritu del investigador la convicción de que una cosa, un hecho o una circunstancia existen realmente o corresponden a la verdad. En tanto que la prueba procesal está integrada por los medios o instrumentos que sirven para crear en el espíritu del destinatario, que es el juez, la certeza de la existencia del objeto, del hecho, de la relación jurídica o de la circunstancia, en los términos y en la medida en que la ley exige una tal certeza. V. g., la prueba de una deuda cambiada se hace exhibiendo la letra de cambio donde consta la obligación asumida y la firma del deudor, independientemente de la verdad intrínseca del negocio (o sea de la causa que le dio origen).

---

185 Direito Judiciario Brasileiro, 4a. ed., Rio de Janeiro, 1954, p. 154 ss. MASCARDUS dice en el prólogo de De probationibus: «In probationibus tota judicci vis sita est. is enim qui probare non potest nihil habet, et ubi probatio deficit, perinde est ac si illud quod non probatur non esset, et probari non posse ven non esse idem sunt».

186 Direito Processual Civil, 2° volume, ed. Saraiva & Cía., Sao Paulo, 1946. N° 225 p. 273 ss. Véase también del mismo BONUMA, «De las pruebas en general», en Rev. De D. Procesal, Buenos Aires, 1946, I, p. 328.

Para el juez que sentencia sobre la obligatoriedad o no del pago de la deuda cambiaría, no tiene por qué indagar si la letra representa el pago de un préstamo, o de un precio aplazado en la compra-venta, o de una donación mobiliaria. Para el juzgador le basta comprobar que todos los requisitos del título-valor han sido cumplidos. No es en este caso, su misión la de averiguar la verdad íntima y esencial de las relaciones jurídicas, sino la certeza de la existencia de esas relaciones jurídicas, de conformidad con la ley. Por tanto, la acción causal solo podría ventilarse en juicio no ejecutivo, sino de conocimiento. Bonuma afirma, por eso, que la prueba judiciaria no significa que con ella se demuestra la verdad, sino que la prueba procesal se limita a alcanzar la certeza jurídica. En veces, sin embargo, la ley permite al juez juzgar según su íntima y libre convicción. Así, cuando el precepto le dice que procederá conforme a su libre arbitrio.

La prueba no es conocimiento, sino reconocimiento. Es histórica; acaeció; fue.

Debe determinarse en toda litis qué se prueba; qué cosas deben ser probadas. Solo se prueban los hechos controvertidos. Si no se impugnan los hechos, se tienen por admitidos y están, por tanto, fuera del contradictorio. No hay necesidad de probar los hechos aceptados tácitamente por el contrario. Por eso es que siempre debe negarse el valor de la prueba de testigos actuada por la contraria; no negándosele, el testigo prueba.

Gabriel José Rodríguez de Rezende Filho[87] expresa que para hacer justicia debe aplicarse la ley al hecho. La verdad del hecho y el conocimiento de la ley resultan primordiales para la administración de la justicia. Por tanto, cabe a las partes probar los hechos y pedir la aplicación de la ley. La sentencia es la conclusión de las dos premisas: exposición de los hechos (probados) y aplicación a esos hechos de la ley adecuada. Son los hechos los que se prueban. La ley se interpreta al aplicarla, pero no se prueba. Los jueces no pueden dejar de aplicar la ley, alegando que no la conocen. Y si no hay ley siempre el juez decide, con vista a los principios generales del derecho: art. XXIII del T.P. del cód. civ del Perú. En el lenguaje del común de las gentes prueba significa experiencia, ensayo, confrontación. En derecho la prueba considerada objetivamente es todo lo que pueda convencer de la certeza de un hecho. Rodríguez de Rezende cita el concepto que Clovis Bevilaqua tenía sobre la prueba: es el conjunto de medios empleados para demostrar legalmente la existencia de un acto jurídico. Nosotros, diremos de un hecho jurídico. También menciona a Bonnier, quien dice de la prueba que es el conjunto de medios por los que la inteligencia humana llega a descubrir la verdad de un hecho controvertido.

Probar es dar al juez la certeza del hecho controvertido. Se convence al juez sobre la existencia o inexistencia de los hechos relevantes. La prueba es la suma de los medios productores de la certeza.

87 Curso de Direito Processual Civil, volume II, 2a. ed., Sao Paulo, 1950, N° 619 ss., p. 211 ss.

Por eso, los antiguos decían «Probar es vencer».

En un juicio todo depende de la prueba. Quien mejores pruebas ofrece, vence.

Si la parte no consigue probar los hechos relevantes que fundamentan su pretensión, perderá el proceso.

Veamos estos antiguos brocardos: *qui probare non potest, nihil habet; probare non posse et non esse, idem sunt.*

El juez no decide solo por sus impresiones personales, o alegaciones improbadas.

El juez al sentenciar debe convencerse de la verdad de los hechos. La prueba admite prueba en contrario, porque al confrontar las pruebas el juez encontrará la verdad.

QUIEN TIENE LA OBLIGACION DE PROBAR

Examinemos ahora la carga de la prueba:

Para F. SANTORO PASSARELLI[188] la prueba importa una carga para el que está interesado en hacer valer los efectos de un hecho que se necesita probar.

Las partes pueden invertir la obligación de probar cuando este de por medio un interés particular y el derecho que se controvierte sea de libre disposición. Por ejemplo, se puede convenir que un contrato deba probarse por escrito, o que conste en instrumento público, aún cuando la ley no lo exija.

Cuando la parte está favorecida con alguna presunción, no es necesario que pruebe. Puede hacerlo; pero ello resulta innecesario. Sin embargo- es mejor que realice la prueba, porque la presunción por lo general es inris tantum, o sea que permite a la otra parte probar lo contrario de lo que se considera presuntivamente que existe. La presunción dispensa de la prueba.

Por ejemplo, quien está cobrando una obligación se encuentra constreñido a probar su existencia.

La diferencia probatoria entre el instrumento público que consta en testimonio y el que solo consta en copia simple, está en que aún cuando se hubiere impugnado su contenido el testimonio prueba *prima facie* que es conforme el testimonio de la escritura pública con la misma escritura pública que se ha extendido en el registro notarial, porque el notario le da fe. Por el contrario, si se impugna la copia simple alegando que ella es distinta de la escritura pública que corre en el protocolo, procede el cotejo de la copia con su matriz. Este no presta mérito ejecutivo.

Habiéndose perdido el protocolo no basta una copia simple. Pero si sería suficiente el testimonio. El cotejo del testimonio con el registro notarial, se hace en vía ordinaria.

Por carga de la prueba debe entenderse la conducta que la ley procesal impone a uno o a los dos litigantes en cuanto a la prueba, a fin de que acrediten la verdad de los hechos invocados.

---

[188] Doctrinas Generales del Derecho Civil, traducción y concordancias de derecho español por A. Luna Serrano, Editorial Revista de Derecho Privado. Madrid, 1964, § 62, p. 36.

Por ejemplo, en cuanto a las obligaciones deberá el actor acreditar la existencia de la obligación (prueba documentaría). Empero, si no se exige por la ley forma específica, podría probarse la obligación con la diligencia de confesión, pero no con la de testigos. Si el actor no prueba la existencia de la obligación puesta a cobro, el demandado habría de triunfar si se queda simplemente quieto, porque la ley no le impone la carga de la prueba.

Gian Antonio MICHELI[189] afirma que la lógica del derecho impone a quien alega un hecho la obligación de probar, ya que la alegación no es de por si prueba. La carga importa estudiar los medios ofrecidos al juez para evitar un pronunciamiento de duda.

Quien ataca y no prueba sucumbe por los defectos de sus propias armas. Y ello sin que el colitigante tenga que hacer cosa alguna para defenderse[190].

El art. 1315 del cód. civ. de NAPOLEÓN contiene la regla: «Actori incumbit *onus probandi; excipiendo reus fit actor»: «Celui qui réclame l' execution d'une obligation, doit la prouver.*

Réciproquement, celui qui se prétend libéré doit justifier le paiement ou le fait qui a produit l'extinction de son obligation».

Por ejemplo, la prueba del derecho de propiedad sobre un predio, se acredita sea por medio de instrumentos públicos, que tengan una antigüedad de 30 o de 10 años (lapso de posesión de la usucapio extraordinaria u ordinaria: art. 871 cód. civ.); sea por el certificado literal de dominio del Registro de la Propiedad Inmueble, o ahora mediante una ficha, en la que figura como dueño quien pretente acreditar su dominio sobre dicho predio. Esta no es una prueba absoluta e irrefragable. Importa una presunción relativa de que se es propietario, a no ser que hubiere existido transferencia a título oneroso por un propietario registral y no se encontraren en los asientos causas de anulabilidad del derecho de transferente: art. 1052 del cód. civ. En caso de tercero registral la presunción es iure et de iure. Basta la posesión porque ésta hace presumir la propiedad del poseedor, en toda clase de bienes: art. 827 del cód. civ. peruano.

Dícese *«actore non probante, reus absolvitur»*, principio que está señalado en el art. 338 del cód. de proc. civ.: «Si el demandante no prueba su acción, será absuelto el demandado»[191].

---

189 La carga de la prueba, trad., ed jurídicas Europa-América, Buenos Aires, 1961, N° 1, p. 4, 12.

190 PLANIOL-RIPERT y Esmein, Tratado, VII, N° 1417, p. 760.

191 Sobre la obligación del actor de probar, el cód. de enjuiciamientos civiles contenía las siguientes disposiciones:

Art. 656. — «En toda cuestión sobre hechos, están obligados los litigantes a acreditar su respectiva pretensión, dentro del término de prueba, por alguno de los medios designados en este código».

Art. 657. — «Es obligación del actor probar los hechos que ha propuesto afirmativamente

También en cuanto a la carga de la prueba, es decir, a quién le corresponde probar: *«onus probandi incumbit ei qui dicit»*. Y lo normal es que la carga habrá de recaer sobre el actor y no sobre quien es demandado, ya que éste se encuentra como el poseedor beneficiado con la regla *«possideo quia possideo»*, instalada en el art. 827 del cód. civ. (al poseedor se le presume dueño, pero con presunción iuris tantum). En general, el art. 337 del cód. de proc. civ. previene que las partes deberán probar los hechos que aleguen, a no ser que se encuentren beneficiados con alguna presunción. Para el demandado existe *«reus in excipiendo fit actor»*, que se aplica a éste cuando hace valer algún hecho que si consigue probar que existe o existió habrá de enervar la pretensión contenida en la demanda. Propiamente, se trata de un hecho en el que se apoya la excepción (no en el sentido de excepción de rito o excepción procesal), sino excepción que en concepto del reo (demandado) lo libera de responsabilidad o del cumplimiento de una obligación reclamada.

Puede darse el caso de que el demandado pretenda probar en forma contraria a la prueba que debe producir el demandante, pero que éste no actúa. En este caso, si el demandado no puede probar lo contrario a lo afirmado por el actor, quien gana el proceso es éste porque se le considera que ha probado lo que se le reclama[192].

Si el demandado solo niega, no tiene por qué presentar prueba alguna de su negación; ésta no debe ser probada. *Negantis naturali ratione nulla est probatis.* Debe probar solo quien afirma; no quien niega.

Ya los romanos tenían esa doctrina sobre la negación pura y absoluta: Véase DIGESTO, Libro XXII, tít. III, 2: *«Ei incumbit probatio, qui decit, non qui negat»* Paulus, lib. LXIX, ad Edictum.

Pero si alguno niega que está bien hecha una emancipación, debe él mismo suministrar la prueba: DIGESTO, lib. XXII. tít. III, 5, § 1.

Revísese también para el Derecho Romano, CÓDIGO lib. IV, tít. XIX, *De probationibus.*

---

en el juicio, y que ha negado el reo».

Art. 660.— «Cualquiera de las partes está obligada a probar los hechos que alegue; excepto si son de aquellos que se presumen .conforme a la ley».

«Cada litigante tiene facultad de dar pruebas contra los hechos propuestos por su adversario».

Art. 669.— «Si el actor no prueba su pretensión en las causas civiles, será absuelto definitivamente el demandado».

Y con respecto al demandado decía el cód. de enjuiciamientos:

Art. 658.— «El demandado no está obligado a producir prueba, si su contestación ha sido simple o absolutamente negativa».

Art. 659.— «El reo deberá probar su negativa, si contiene afirmación explícita o implícita sobre el hecho, el derecho o la calidad de la cosa litigada».

[192] MESSINEO, II, § 48, N° 3, p. 509.

En la Partida III, ley 1, tít. 14 dícese:

«La parte no es obligada a probar lo que niega. Pues es imposible hacerlo según natura».

De que la negación pura y simple del demandado lo releva de toda prueba, lo decía el Fuero Real (libro II, tít. VI, ley 1):

«Todo home que demandare a herederos de muerto, o a otro de fecho ageno porque deba responder, el demandado no sea tenudo de responder de si o de no, si no quisiere; mas ha- bondale, que diga no lo sé ...».

Quien solo niega los hechos, no necesita probar. Tiene provisoriamente una situación adquirida[193].

El demandado nada necesita probar. La ley no le exige la prueba de la posición en que se encuentra. Nadie, de lo contrario, estaría seguro.

Para los glosadores si la parte invocaba un hecho negativo, no estaba obligada a probarlo. V. g., la inexistencia de la causa de la obligación; o que no existían herederos más próximos del causante. Y así lo decían, porque en su concepto no podía probarse una negación. COLÍN y CAPITANT[194] expresan que tal afirmación ahora ha sido desestimada; porque la prueba de lo negativo no es imposible.

---

[193] BAUDRY-LACANTINERIE et BARDE, III, N° 2062, p. 423 de su Tralté Theorique et Pratique de Droit Civil, XIV, troi-siéme éd.

[194] Curso Elemental de D. Civ., I, trad., Madrid, 1922, n. 1 de la p. 200. En el mismo sentido, la procesalística contemporánea.
Por ejemplo, en la nueva ley del juicio ejecutivo (Decreto-Ley N° 20236, de 4 de diciembre de 1973), el art. 49 previene que si el requerido de pago alega la falsedad de su firma y no lo prueba en juicio, sufrirá una multa del doble del importe del documento en favor del acreedor. Obviamente esta previsión legal es conforme con la regla contenida en el art. 337 del cód. de proc. civ., que pone a cargo de cada parte probar los hechos que aleguen. Sin embargo, observamos que si el obligado cambiarlo niega la firma solo en la diligencia de protesto, ya no hay ejecución. Solo cabe reclamar el pago en la vía ordinaria o sumaria, según la cuantía. De otro lado el demandado puede alegar la falsedad de la firma en la oposición pero ello no impide la procedencia de tal ejecución. De allí la importancia que tiene que el notario o el secretario del notario que diligencia el protesto, se entienda con el deudor y no como ahora se hace, en que el oficial público no concurre al protesto. Debe tenerse en cuenta que el precitado art. 4 exige que el protesto sea firmado (suscrito) por el deudor requerido; de lo contrario, la simple alegación, —no la prueba—, de la falsedad de la firma, no hace improcedente la ejecución.
Parece ser que en adelante habrá de cuidarse que la firma de los obligados sea notarialmente legalizada, ya que reconocida la firma declara el art. 69 de la nueva ley (y lo mismo declaraba el art. 593 del cód. de proc civ.) queda expedita la ejecución. La legalización de la firma si bien no acredita la autenticidad del contenido, prueba la verdad de la firma, o sea que tiene los mismos afectos que el reconocimiento.

INSTRUMENTOS PRIVADOS

El instrumento privado prueba si no ha sido objetado, aunque no se hubiere pedido su reconocimiento por el otorgante.

Existe opinión en el sentido de que el instrumento privado no reconocido nada vale. Sin embargo, el juez puede apreciar su mérito si no se ha objetado por la parte a quien su contenido perjudica. Véase, sin embargo, art. 433 del cód. de proc. civ. del Perú; por el que los documentos no reconocidos tendrán solo el valor que les asigne el prudente arbitrio del juez.

La fecha del instrumento privado en las relaciones entre las partes debe reputarse cierta, salvo prueba en contrario, ya que la fecha forma parte del contexto de la declaración de voluntad. Por ejemplo, con respecto a los libros de contabilidad entre comerciantes.

La certeza de la fecha del instrumento privado en cuanto a los terceros, se puede tener en estos documentos por su registro público; por la muerte o la sobrevenida incapacidad física; su inserción en un instrumento público; ejecución del negocio jurídico en él contenido. El art. 2704 del cód. civ. de Italia declara: «Fecha del documento privado respecto de los terceros. – La fecha del documento privado cuya firma no ha sido autenticada no es cierta y computable respecto a los terceros, sino desde el día en que el documento ha sido registrado o desde el día de la muerte o de la sobrevenida imposibilidad física de aquel que lo ha firmado o de uno de aquellos que lo han firmado, o desde el día en que el contenido del documento se reproduce en actos públicos o, finalmente, desde el día en que se verifica otro hecho que establezca de un modo igualmente cierto la anterioridad de la formación del documento».

«La fecha del documento privado que contiene declaraciones unilaterales no destinadas a persona determinada, puede ser establecida por cualquier medio de prueba».

«Para la determinación de la fecha en los recibos, el juez teniendo en cuenta las circunstancias, puede admitir cualquier medio de prueba».

El reconocimiento del instrumento privado en diligencia preparatoria, no interrumpe la prescripción, ni revive la acción extinguida. Esta doctrina de la jurisprudencia ha sido recogida por la ley de títulos-valores del Perú N° 16587, en sus arts. 59, 197 y 205. El reconocimiento interruptivo es distinto: art. 1163, inc. 2° cód. civ. del Perú.

Para MESSINEO[195] tanto el instrumento público como el instrumento privado constituyen prueba plena (cita en su apoyo los arts. 2700 y 2702 del cód. italiano) y que solo difieren en la intensidad de la prueba. Que el instrumento público prueba plenamente (repite) mientras no se formule contra él querella de falsedad. Y el instrumento privado solo hace plena prueba no de los hechos ocurridos en presencia del funcionario que lo autoriza (notario, por ejemplo), sino tan solo de las declaraciones que contiene.

Los arts, citados por MESSINEO son los que siguen:

Art. 2700 del cód. civ de Italia: «Acto público.— El acto público es el documento redactado con las formalidades exigidas, por un notario o por otro funcionario público autorizado para atribuirle fe pública en el lugar en donde el acto se forma».

Debemos conservar este concepto: acto es instrumento.

Art. 2702 del mismo cód.: «Eficacia del documento privado.— El documento privado hace plena prueba, mientras no se formule querella de falsedad, en cuanto a la procedencia de las declaraciones de quien lo ha firmado si aquel contra quien el documento se produce reconoce su firma, o bien si ésta es legalmente considerada como reconocida».

El art. 1341 del cód. civ. francés declara que no se puede probar contra un escrito sino por medio de otro escrito:

Dicho precepto dice:

«Il doit être passé acte devant notaires ou sous signature privée, de toutes choses excédant la somme ou valeur de cent cinquante francs, même pour dépôts volontaires; et il n'est reçu aucune preuve par témoins contre et outre le contenu aux actes, ni sur ce qui serait allégué avoir été dit avant, lors ou depuis les actes, encore qu'il s'agisse d' une somme ou valeur moindre de cent cinquante francs».

«Le tout sans préjudice de ce qui est prescrit dans les lois relatives au commerce».

Si el instrumento privado es negado por aquel a quien se opone, sea en su contenido, sea en su firma, o si el heredero no reconoce la escritura o la firma del causante, ello es suficiente para quitar fuerza probatoria a ese documento; por lo menos, provisionalmente. Ello significa que hay que acudir a la prueba de cotejo, que no es plena, o sea que puede o no ser seguida por el juzgador. No ocurre esto con el instrumento público.

El instrumento privado correrá la suerte de lo que se decida en una sentencia que tenga fuerza de cosa juzgada (pronunciada en juicio ordinario).

---

195 Manual, II § 48, N° 8, p. 513.

El documento privado para que preste mérito ejecutivo, deberá reconocerse en diligencia preparatoria. Reconocida la firma, aunque no se reconozca el contenido, queda preparada la ejecución: art. 593 cód. de proc. civ. Pero el reconocimiento que se haga en juicio ordinario, no convierte en ejecutiva la acción ejercitada en juicio ordinario: art. 594 cód. proc. civ.[195 bis].

Se tiene por verdadero el contenido de un documento privado reconocido: art. 430 cód. de proc. civ. Hace plena fe, como el instrumento público, salvo en cuanto a la fecha.

Si el reconocimiento es practicado por los herederos, dicho reconocimiento solo perjudica al heredero que lo hace: art. 422/ § 2 cód. de proc. civ.

Racional y también legalmente debe presumirse que el contenido del instrumento privado es verdadero, si la firma es cierta y si el instrumento no ha sido alterado (por ejemplo, si no presenta adiciones o modificaciones). Véase Exposición de Motivos del cód. de proc. civ., en APARICIO y G. S. G., cód. de proc. civ., t. I, ed. 1938, p. 217.

El cotejo es prueba pericial y ésta solo la aprecia el juez según las reglas de la crítica: art. 504 cód. de proc. civ. No existe cotejo en diligencia preparatoria, por lo que negada la firma por quien aparece suscribiendo el instrumento privado, solo cabe darle autenticidad, o sea probar que la firma es auténtica, en juicio ordinario, con resultado dudoso, porque la pericial no es prueba plena[196].

A quien se pide el reconocimiento del documento privado, debe ó reconocerlo o impugnarlo. No puede permanecer en silencio o dar respuestas evasivas. De lo contrario- el juez, aún de oficio, declarará reconocido el documento: art. 428 de cód. de proc. civ.

La fecha es cuestionable en el documento privado reconocido, salvo entre las partes; pero no para los terceros, quienes pueden impugnarla.

La fecha es auténtica en el instrumento público. Empero, puede resultar falsa si ello se prueba en un dilatado juicio ordinario.

Por ejemplo, con la fecha se quiere acreditar que el instrumento se otorgó antes que el que lo firma deviniera incapaz.

Los instrumentos privados pueden también ser presentados en copia certificada extendida por notario o por escribano si es que se encuentran dentro

---

195bis Ahora, son los arts. 69 y 79 del D.L. N° 20236, de 4 de diciembre de 1973, sobre Juicio ejecutivo.

196 En el Código de Enjuiciamientos en materia civil, el art. 963 declaraba:
El parecer uniforme de los peritos acerca de la conformidad de la letra y firma de la escritura privada, con la letra y firma de otros documentos no contradichos, y suscritos por la misma persona, solo tiene el valor de prueba semiplena».

del expediente de un juicio. La copia certificada no les otorga autenticidad, a no ser que hubieren sido judicialmente reconocidos por los otorgantes y se transcriba en la copia certificada la diligencia de reconocimiento. En verdad, conservan el mismo valor probatorio que tienen los originales.

Con el reconocimiento judicial el instrumento privado tiene el mismo valor probatorio pleno que tiene el instrumento público. El reconocimiento es una confesión que hace el firmante del documento.

No debe olvidarse que en nuestra procesalística, la legalización de la firma solo acredita la verdad de la firma, es decir, que esa firma es de la persona que la ha estampado. Pero la legalización no otorga verosimilitud al contenido. Debe, sin embargo, tenerse también por verdadero el contenido que ha suscrito aquel cuya firma ha sido legalizada, si no muestra enmendaturas ni adiciones o supresiones.

El instrumento con firma legalizada continúa siendo instrumento privado; y solo sería instrumento auténtico con el reconocimiento. Solo la firma es auténtica, más no el contenido.

La falta de pago de los impuestos puede privar a los instrumentos de mérito probatorio. Así lo establece el Código Tributario en sus arts. 80, inc. 1° y 162, en cuanto prohíbe a los jueces admitir documentos que no hayan pagado impuestos. Para el art. 1341 del cód. civ. francés la prueba contra el contenido de los documentos y más allá de los mismos se puede hacer. Por ejemplo, se puede probar que el contenido del documento es inexacto, o que un contrato posterior ha modificado el contrato primitivo que consta en instrumento. Esa prueba necesita también de instrumento[197].

El instrumento privado reconocido tiene la misma fuerza probatoria que el instrumento público.

No es auténtico el instrumento privado en tanto no sea reconocido por aquel que lo ha suscrito, o dado por reconocido (art.

426 del cód. de proc. civ.). Se tiene por verdadero el contenido del documento privado reconocido dice el art. 430 del cód. de proc. civ. del Perú.

El reconocimiento no solo afecta al que lo hace y a sus sucesores- sino también a los extraños, quienes pueden controvertir sobre su eficacia probatoria pero no sobre su autenticidad.

---

[197] Véase BAUDRY-LACANTINERIE et BARDE, IV, N° 2059 ss. p. 1 ss. sobre Instrumentos privados. También se ocupa en este volumen de los actos auténticos. Es el Traité Théorique et Pratique de Droit Civil, XV. Librairie de la Société du Recueil J. B. Sirey, Paris, 1908.

INSTRUMENTOS PÚBLICOS

Los instrumentos prueban, en general, más enérgicamente que los medios orales, por lo que prevalecen frente a éstos últimos.

Con respecto a la prueba por instrumento público, MESSINEO[198] considera que hace prueba plena frente a todos «mientras no se formule querella de falsedad», siempre que se encuentre redactado con las formalidades reclamadas por la ley y sea competente también *rationi loci* (por razón de lugar). Cita el art. 2700 del cód. civ. de Italia, pero es evidente que la simple querella de falsedad no enerva en nuestro derecho su valor probatorio sino que lo conserva en tanto no se declare, por sentencia ejecutoriada pronunciada en juicio ordinario, sobre su nulidad o falsedad. Agrega que el acto público (instrumento público) es llamado también acto auténtico, pero advierte que el acto público no es tan enérgico como el acto auténtico, cosa que no se puede sostener entre nosotros.

Convendría analizar en qué consiste en Italia la querella de falsedad; y cuáles son sus consecuencias.

Para el art. 2701 del cód. civ. de Italia vale como escritura privada el acto nulo por incompetencia o incapacidad del funcionario público (por ejemplo, no redactado observando las formalidades prescritas), pero que ha sido suscrito por las partes.

Dice el art. 2701 de Italia: «Conversión del acto público.— El documento formado por funcionario público incompetente o incapaz, o bien sin la observancia de las formalidades prescritas, si ha sido firmado por las partes tiene la misma eficacia probatoria de los documentos privados».

Esta solución puede ser seguida por nosotros, ya que el instrumento público puede presentar solo causas de anulabilidad.

El instrumento privado puede destruir la verdad de un instrumento público- siempre que éste último no sea exigido por la ley con el carácter de constitutivo, es decir, que sea otorgado *ad essentiam*. Y solo valdría entre las partes y con respecto a los terceros a quienes la cosa o el derecho que se

[98] Manual, II § 48, p. 510 s.

discute la hubieren percibido a título gratuito. Lo dice el cód. de proc. civ. del Perú en su art. 411: «Los contradocumentos privados que destruyan o enerven el valor de una escritura pública, no producen efecto contra los sucesores de los otorgantes a título particular».

Sobre la querella de falsedad, que basta que sea promovida para que quite eficacia probatoria al instrumento público, en el derecho itálico, véase el art. 215 del cód. de proc. civ. de ese país.

La prueba que la parte produce con instrumentos prevalece sobre la prueba oral[199].

En el instrumento público otorgado por notario éste da fe no solo de una serie de hechos como la entrega del precio en la compra-venta, sino de la capacidad de las partes, de la libertad y del conocimiento con que proceden: art. 38 de la ley de notariado de 15 de diciembre de 1911. Esta misma exigencia la repite la ley de notariado en los testamentos: art. 68.

El instrumento público es auténtico. El instrumento privado es también auténtico si ha sido reconocido judicialmente, sea en juicio, sea en diligencia preparatoria.

No hay que probar la autenticidad de un instrumento público. Se presume su autenticidad. Empero, puede demandarse su nulidad o falsedad y ello no priva al instrumento público de probar lo que él contiene como declaración formulada por una o por varias personas: art. 405 del cód. de proc. civ. del Perú.

Las copias de los instrumentos públicos extendidas por quienes están autorizadas para otorgarías (v. g., los testimonios de las escrituras públicas que extienden, a pedido, los notarios), hacen fe como los originales mismos.

Si el testimonio de la escritura pública, por ejemplo, difiere del original extendido en el registro, la fuerza probatoria corresponderá al original mismo.

El testimonio de la escritura pública prueba más plenamente que la copia simple de la escritura pública.

La boleta solo acredita la autenticidad de una parte de la escritura pública.

El código de enjuiciamientos en materia civil, promulgado el 29 de diciembre de 1851, tenía un título que denominaba

«De los instrumentos auténticos», en lugar de «instrumentos públicos», como los denomina la ley procesal peruana. Es evidente que era más cabal y neta la denominación del viejo código de enjuiciamientos.

Sobre su valor el art. 732 del código abrogado decía:

---

[199] F. MESSINEO, Manual de D. Civ. y Comercial, II, § 48, N° 5.

«Los documentos auténticos producen fe pública; hacen plena prueba; y son exigibles sin previa verificación».

Y el art. 174 rezaba:

«La simple deducción de nulidad o falsedad contra un documento auténtico, no invalida su mérito probatorio, hasta que no se decida sobre aquellos vicios en el juicio respectivo. Pero si la nulidad o falsedad se encuentran de manifiesto en el documento, queda éste invalidado».

En lo que respecta a los instrumentos privados, habían estos preceptos:

Art. 852.– «El reconocimiento de un documento simple no hace prueba plena:

«1° Si alguno de los interesados niega la verdad del acto que contiene, o desconoce su firma;

«2° Si en el acto de reconocerlo o antes, deduce en forma la nulidad de la escritura;

«3° Si en el caso del art. 839, los testigos solo reconocen la suscripción pero niegan e ignoran la verdad del acto, o declaran de un modo vario».

Art. 853.– «En cualquiera de los casos del artículo anterior, queda a salvo el derecho del interesado para que pruebe la realidad del contenido del documento, por otros medios legales».

En derecho italiano, el instrumento público tiene menos valor que entre nosotros. El art. 2700 del cód. civ. de Italia dispone:

«Eficacia del acto público.– El acto público hace plena prueba, mientras no se formule querella de falsedad, en cuanto a que el documento procede del funcionario público que lo ha formado, así como de las declaraciones de las partes y de los otros hechos que el funcionario público hace constar como ocurridos a su presencia o realizados por él».

Basta, como se ve, que la parte a quien daña formule querella de falsedad, aunque después no consiga probarla.

Y con respecto a las copias o testimonios que nosotros llamamos (porque las copias simples tienen menos fuerza que los testimonios), el art. 2714 del mismo cód. civ. italiano previene:

«Copias de actos públicos.– Las copias de actos públicos expedidas en las formas prescritas por los depositarios públicos autorizados, hacen fe lo mismo que el original».

«La misma fe hacen las copias de copias de actos públicos originales, expedidas por depositarios públicos de ellas, autorizados para expedirlas».

Como expresa François GORPHE[200], la prueba documental es una prueba de otras pruebas.

En el instrumento público lo esencial es su carácter auténtico; por lo menos, en principio. Producen fe respecto de la realidad del acto verificado ante el notario que lo extendió o autorizó, dice el art. 401 del cód. de proc. civ. del Perú. GORPHE[201] dice que son los instrumentos públicos los más probatorios y los llama instrumentos auténticos. Su autoridad comprende la escritura y el contenido. Además, se presume que hayan sido extendidos por el funcionario público que los ha suscrito, si se presenta, v. g., los testimonios de las escrituras públicas con las apariencias de regularidad.

Sin embargo, GORPHE[202] hace notar algo que no ocurre entre nosotros. Textualmente dice que los instrumentos públicos «hacen fe hasta tanto que se impugnen por falsedad; y solo cabe impugnarlos por un procedimiento muy difícil, reglamentado por el código de procedimiento civil». Para nosotros, si la nulidad o falsedad no está de manifiesto, el instrumento público producirá sus efectos mientras no se decida judicialmente sobre aquellos vicios. Y esa decisión judicial deberá pronunciarse en un proceso de conocimiento (juicio ordinario) y tener el carácter de la *res iudicata* (art. 405 del cód de proc. civ. peruano) .

Empero, si la nulidad o falsedad del instrumento público resulta manifiesta por el tenor del mismo instrumento, carece de fuerza probatoria porque ha perdido su autenticidad. Es decir, deben haber sido extendidos de conformidad con ciertos principios sustanciales. Aún en este caso, GORPHE[203] considera que si bien el instrumento público no habría de valer como auténtico, podría tener valor como escritura privada según el art. 1318 del cód. civ. francés. Ello no obstante, si la forma de la escritura pública, v. g., ha sido declarada nula en la donación inmobiliaria, que es exigida no *ad probationem tantum*, sino *ad solemnitatem* (art. 1474 § 3° cód. civ.), la nulidad del documento produciría la inexistencia o nulidad del contrato. Por eso, tampoco vale lo declarado por el art. 1131 de nuestro cód. civ.- para los instrumentos en que la forma es exigida *ad substantiam*.

Hay otra cuestión importante que exponer cuando la ley exige como formalidad la escritura pública. Por ejemplo, en la donación (art. 1474, § 3°, cód. civ.), en la anticresis (art. 1005 cód. civ.), en la hipoteca (art. 1012 cód. civ.). La prueba de la existencia de estos contratos se encuentra procesalmente limitada, ya que es solo con el testimonio de la escritura

---

200 De la apreciación de las pruebas, Bosch y Cía., editores, Buenos Aires, 1950, 2a. parte, cap. XI, p. 175.

201 De la apreciación de las pruebas, 2a. parte, cap. II, p. 176.

202 De la apreciación de las pruebas, 2a. parte, cap. II, p. 176.

203 De la apreciación de las pruebas, 2a. parte, cap. II, p. 176.

pública que puede acreditarse que realmente se celebraron y que esa celebración fue legítima (art. 407 cód. de proc. civ.).

El art. 406 del cód. de proc. civ. del Perú previene que cuando un instrumento público es tachado de falso o nulo, se sustanciará la tacha como incidente y se resolverá con lo principal. Es evidente que el término previsto para el incidente resulta angustioso por lo corto; y, además, en el caso regulado se trata de que en proceso instaurado el testimonio de la escritura pública que ha sido ofrecido como prueba es tachado por el contrario, de nulo o falso. Juicio ordinario, en cambio, se requiere cuando se trata de impugnar la validez de una escritura pública por ser nula o falsa. Obviamente, la nulidad no se podría declarar en incidente, si la nulidad o falsedad se refiere no a defectos formales, sino a la del negocio jurídico (contrato). Esta es la doctrina de la sent. del Supremo Tribunal de 20 de agosto de 1932[204].

En buena cuenta, el art. 406 del cód. de proc. civ. solo se refiere a defectos de los documentos, pero no a la nulidad o falsedad, ya que éstas se sustancian en la vía ordinaria.

Al instrumento privado no se le concede la misma presunción de autenticidad. Es claro que si se encuentra reconocido es auténtico. Quien ha suscrito un instrumento privado puede negar su firma y ello obliga al cotejo con arreglo a los arts. 434 y ss. del cód. de proc. civ. Y aquí debe observarse que la pericia no importa prueba plena, o sea que el juzgador puede o no seguirla, con lo que ya la fuerza probatoria del instrumento privado sufre una mengua o, por lo menos, confronta un serio peligro. Es claro que reconocido expresa o fictamente, el instrumento privado goza de fuerza probatoria (arts. 416 y 426 del cód. de proc. civ.).

Donde se nota la desventaja del instrumento privado sobre el instrumento público es cuando fallece el otorgante. La autenticidad de la firma y del contenido de la escritura pública no puede ser cuestionada sino en juicio ordinario. En cambio, el instrumento privado deberá ser reconocido por los herederos de quien lo firmó, si es que así lo quieren; y todavía el art. 422 del cód. de proc. civ., agrega en su 2° parágrafo, que este reconocimiento solo perjudica al heredero que lo hace.

En el área mercantil existen una serie de instrumentos privados que mediante ciertas diligencias (protesto, reconocimiento), franquean la vía ejecutiva para su cobro, aunque su autenticidad no se obtendría con el protesto o con la negativa del obligado en la diligencia de reconocimiento.

Pues bien; no obstante encontrarse la letra protestada, no habrá de prestar mérito ejecutivo si el obligado no probó sino solo alegó en la diligencia de

---

[204] En «R. de los T.», 1932, 274.

protesto que la firma que se supone ha puesto en la letra de cambio es falsa. Y lo mismo ocurrirá con el reconocimiento en diligencia preparatoria (arts. 593 y 596 del cód. de proc. civ.). Lo que decimos es aplicable a cualquier instrumento privado que contenga obligación exequible y que solo requiera del reconocimiento para que pueda servir de recaudo en una ejecución. V. ahora nueva ley del juicio ejecutivo.

La negativa del obligado a reconocer su firma puesta en el documento privado, obliga al acreedor a un largo proceso ordinario para tratar de demostrar la autenticidad de la signatura; y en él, también tratará de probar por otros medios la existencia de la obligación, a no ser que sea un tercero endosatario.

Y ello porque si se lee el art. 209 del cód. de proc. civ., no existe en diligencia preparatoria el cotejo de firmas. Por el contrario, si el instrumento fuere público la firma puesta por uno de los intervinientes aunque fuere negada, no impide la ejecución.

Otro defecto del instrumento privado es el de que no prueba la fecha en que aparece otorgado. En cambio, la data de la escritura pública, v. g., es prima facie indubitable. La fecha en el privado no hace fe para terceros, porque es sumamente fácil antedatarlo.

Una de las diferencias más importantes entre el instrumento público y el instrumento privado, está en su fuerza probatoria. La escritura pública prueba, v. g., la autenticidad de la firma puesta por el obligado; y esa prueba es plena en tanto no se decida, por sentencia pasada en autoridad de cosa juzgada pronunciada en juicio ordinario, sobre la nulidad o falsedad de dicha escritura pública. Lo declara el art. 405 del cód. de proc. civ. En cambio, para que el instrumento privado surta efectos probatorios plenos requiere del reconocimiento, sea en diligencia preparatoria (art. 156, inc. 1° del cód. de proc. civ.), sea dentro de la secuela del juicio ordinario o sumario (arts. 413 a 433 del cod. de proc. civ.). Pues bien; el obligado puede negar la firma puesta en el instrumento privado y para acreditar su autenticidad procede la diligencia de cotejo (art. 434 del cód. de proc. civ.). Esa probanza es pericial y la prueba de peritos está ocasionada a dudas no solo porque puede sobornarse a los peritos por las partes, sino porque su autenticidad es cuestionable no obstante que los peritos realicen la pericia conforme a los más rigurosos procedimientos técnicos. La prueba de peritos no es ni tiene la fuerza de la confesión, o de la inspección ocular, sino que como la prueba de testigos (tan falible y débil) será apreciada por el juez conforme a las reglas de la crítica. Lo dicen los arts. 490 y 504 del cód. de proc. civ. Empero, lo que consta en un instrumento público tiene fuerza probatoria plena e insuspecta, en tanto no se declare que el instrumento es apócrifo y esa declaración judicial no se hace en un procedimiento breve sino demasiado dilatado por lo lento (proceso ordinario de cognición).

Solo se tiene por verdadero el contenido del documento privado reconocido (art. 430 del cód. de proc. civ.). Y los documentos no reconocidos, como la prueba de testigos, tienen el valor que les asigne el prudente arbitrio del juez (art. 433 del cód. de proc. civ.). De otro lado, la muerte del que ha suscrito la escritura pública es indiferente para el valor probatorio de ésta. En cambio, la muerte del que suscribió un instrumento privado hace procedente el reconocimiento por sus herederos; y ese reconocimiento solo perjudica al heredero que lo hace (art. 422 del cód. de proc. civ.). En este caso, procede el cotejo (art. 434, inc. 1° del cód. de proc. civ.); y ese cotejo lo hacen peritos tan falibles que su dictamen aún en el caso de ser favorable al interesado, puede no ser seguido por el juez.

Es claro que la legalización notarial de la firma en un instrumento privado acredita su autenticidad; empero, el suscritor puede negar el contenido, lo que no podría en una escritura pública sino después de que judicialmente se hubiere declarado la nulidad de esta. Solo la nulidad judicialmente declarada priva de eficacia a la escritura pública.

LAS PRESUNCIONES

La presunción legal importa un traslado de la carga de la prueba. Quien goza de la presunción está eximido de probar.

Para PLANIOL-RIPERT y Esmein[205] las presunciones legales son en realidad presunciones de hecho sistematizadas por la ley, que dispensan a la parte que las invoca de probar el hecho alegado. Agregan que quien alega una presunción legal solo se encuentra obligado a probar la existencia de los hechos que le sirven de fundamento a la presunción. Por ejemplo, al poseedor se le presume propietario (art. 827 del cód. de proc. civ.), pero el poseedor debe probar que lo es mediante una prueba plena o auténtica como es la de inspección ocular. Al hijo que nace dentro del matrimonio se presume que tiene por padre al marido (art. 229 del cód. civ. del Perú), pero incumbe al hijo probar con prueba instrumental pública ese hecho de su nacimiento de mujer casada y ello se prueba con su partida de nacimiento de los Registros del Estado Civil y con la partida de matrimonio de su madre.

Respecto a presunciones legales iure et de iure, o sea que no admiten prueba en contrario, está la *res iudicata pro veritate habetur*, es decir, la cosa juzgada representa la verdad. PLANIOL- RIPERT y Esmein[206] admiten que la cosa juzgada no es de orden público y que las partes pueden renunciar a la cosa juzgada por contrato. No explican los autores franceses los efectos de la renuncia, pero debe entenderse que la renuncia es a lo que se decide en el fallo ejecutoriado y no con respecto a una renuncia previa.

En derecho francés las presunciones irrefragables (iure et de iure) pueden no funcionar si existe en contra de ellas confesión o juramento decisorio, a no ser que se trate de la presunción de cosa juzgada[207].

La presunción de condominio con indivisión forzosa contenida en el art. 910 del cód. civ. del Perú, podría ser absoluta, ya que solo puede ser destruida con pericia de mensura o instrumental, o en todo caso con la prescripción.

---

[205] Trat. Práctico de D. Civ. francés, VII, N° 1548, p. 892.
[206] Trat. Práctico de D. Civ. francés, VII, N° 1552, p. 896.
[207] PLANIOL-RIPERT y ESMEIN, Tratado, VII, N° 1550, p. 895.

El juez hace siempre uso de todos los medios de prueba cuando partiendo de un hecho conocido llega a un hecho desconocido[208]. Así, los instrumentos y aún los testigos pueden proporcionar el hecho conocido a fin de llegar al *«fait inconnu»*.

En el cód. civ. de Napoleón, el art. 1349 declara:

«Les présomptions sont des conséquences, que la loi au le magistrat tire d'un fait connu d un fait inconnu».

Tratándose de presunciones que liberan de la carga de la prueba, si la presunción es absoluta (iure el de iure) no cabe contra ella prueba de ningún género. V. g., no cabe prueba que enerve la presunción absoluta del art. 300 del cód. civ., por el cual el hijo se presume legítimo aunque la madre declare contra su legitimidad o sea condenada como adúltera.

En Couture E. J.[209] encontramos esta idea: La presunción es una proposición normativa acerca de la verdad de un hecho. Ni las presunciones legales ni las judiciales son medios de prueba.

La presunción supone el conjunto de tres circunstancias: un hecho conocido, un hecho desconocido y una relación de causalidad. Además, en la presunción deberá probarse el hecho en que la presunción se funda. Ejemplo: Según el art. 229 del cód. civ. del Perú al hijo nacido dentro del matrimonio se presume que tiene por padre al marido. Aquí, hay que probar necesariamente la existencia del matrimonio a fin de poder atribuirle la paternidad al marido.

Messineo[210] denomina a las presunciones «pruebas conjeturales» y son las que el juzgador saca al remontarse de un hecho conocido a un hecho ignorado, o son también consecuencias de la ley.

El art. 2727 del cód. civ. de Italia previene:

«Noción. — Las presunciones son las consecuencias que la ley o el juez saca de un hecho conocido para remontarse a un hecho desconocido.

La presunción legal puede ser iuris et de iure, de la que Messineo[211] expresa que es la presunción por la que la ley declara nulos ciertos actos, o no admite acción en juicio; y cita en apoyo de lo que dice el art. 2728, § 2° del cód. civ. italiano, que reza:

«Prueba contra las presunciones legales. — Las presunciones legales dispensan de cualquier prueba a aquellos a favor de los cuales se hallan establecidas».

---

208 GARSONNET E., Traite Theorique et Pratique de Procédure, París, éd. 1885, t. II, p. 302.
209 «La Revista de Derecho, Jurisprudencia y Administración», Montevideo, 53, p. 192.
210 Manual, II, § 48, N° 20, p. 525.
211 Manual, II, § 48, N° 20, p. 525 y s.

«Contra las presunciones sobre el fundamento de las cuales la ley declara nulos ciertos actos o no admite la acción en juicio, no puede darse prueba contraria, salvo que ésta se encuentre consentida por la misma ley».

Agrega MESSINEO que dicha presunción dispensa de toda prueba por parte de aquel a cuyo favor está establecida; y que, además, esa presunción no puede ser destruida por prueba contraria.

Dice MESSINEO[212] que la presunción *iuris et de iure* reposa en una ficción legal.

Hay otra presunción legal que es la *iuris tantum*; que es simple, o relativa. Dispensa de la prueba a quien favorece, pero solo en los supuestos relacionados por la ley. Permite la prueba contraria. Nada obsta que quien tiene a su favor la presunción, pruebe por otros medios. Por ejemplo, en la reivindicatio al poseedor se le presume inris tantum dueño, según el art. 827 del cód. civ. peruano. Nada obsta para que este poseedor pruebe que es propietario. Además, para que la presunción lo favorezca está constreñido a probar que posee actualmente. Y si invoca la *usucapio* deberá también probar que poseyó anteriormente en una fecha tal que desde ella hasta la posesión que tiene ahora, se ha cumplido con exceso el plazo prescriptivo.

MESSINEO[213] expresa que en ciertos casos probar lo contrario de lo que se cree aplicando la presunción iuris tantum solo puede hacerse por medio de títulos o de signos exteriores. Así ocurre, —dice— con las presunciones relativas contenidas en los arts. 881, 897, 898 y 1095, § 2° del cód. civ. de Italia, cuyo conocimiento es innecesario.

HEDEMANN Justus Wilhelm[214] examina en forma completa las presunciones en derecho alemán, en un libro dedicado íntegramente a ellas. Es útil conocer el § 292 del Z.P.O. (ordenanza o cód. de procedimiento civil germano):

«Si la ley establece una presunción sobre la existencia de un hecho, se admitirá la prueba de lo contrario en tanto que la ley no disponga otra cosa. Esta prueba puede hacerse también mediante juramento deferido con arreglo a los §§ 445 ss.». Adviértase que debe demostrarse que existe el hecho generador de la presunción. Esta importa sospecha; que se presuma; que se suponga.

En cuanto a la existencia de presunciones de hombre (presunciones hominis o presunciones simples), son las que no están establecidas por la ley y para su aplicación se confía en la prudencia del juzgador. Debe tratarse de hechos graves, precisos y concordantes. Contra estas presunciones puede producirse y valer la prueba de testigos.

---

212 Manual, II, § 48, N° 20, p. 525. Véase también Manual, I, § 6, N° 8.

213 Manual, II, § 48, N° 20, p. 526.

214 Las presunciones en el Derecho, trad., Rev. de D. Privado, Madrid, 1931, § 22, p. 120 ss.

Para Goldschmidt[215] la *praesumptio iuris* es regla jurídica del derecho justicial material que obliga a deducir de un hecho otro hecho o un derecho, en tanto que no se demuestre lo contrario. Dice que toda presunción legal es una prueba de indicios.

Las presunciones legales descansan en un simple cálculo de probabilidades[216].

No hay presunción legal sin un texto expreso y son de interpretación estricta. No pueden extenderse, por más analogía que exista.

Henri, León y Jean Mazeaud[217] hacen notar con respecto a la presunción legal que dispensa de la prueba, pero que esta observación no es exacta sino cuando aquel a quien la presunción favorece prueba los hechos en los que la ley funda la presunción. Nuestro cód. de proc. civ., en su art. 337, declara precisamente que no necesita probar aquel a quien favorece la presunción. Sin embargo, quien se beneficia de la presunción deberá probar el hecho en que la presunción se apoya.

Presunción *iure et de iure* es la del art. 300 del cód. civ. por el que el hijo se presume legítimo aunque la cónyuge declare contra su legitimidad o sea condenada como adúltera. Atendida esta presunción, el hijo debe inscribirse en el Registro del Estado Civil con la calidad de legítimo, aunque la madre declare que no tiene por padre a su marido, porque éste se encuentra ausente desde hace muchos años.

Es evidente que el presunto padre tendría éxito en el juicio en que niega la paternidad, si la madre es condenada como adúltera, o, simplemente, él obtiene el divorcio por adulterio cometido por la madre en la época de la concepción del presunto hijo.

Sobre presunciones inris et de iure Miguel Antonio de La Lama[218] cita los arts. 1014, 1032 y 1042 del cód. civ. abrogado. Y agrega que cuando la ley declara que «la falta de firma de la mujer en la escritura de enajenación de sus dótales o parafernales, es prueba de que no prestó su consentimiento; y no se admitirá en contrario ninguna otra», es presunción absoluta.

Se niega a aceptar De la Lama lo manifestado por algunos doctrinadores para quienes si el dispositivo de la ley que establece la presunción no dice que es admisible la prueba en contrario, se le tendrá por presunción *iuris et de iure*.

El nuevo cód. civ. de Italia (1942) define lo que es presunción:

---

215 Derecho Procesal Civil, Edit. Labor S. A., Barcelona, 1956, § 44, p. 259.

216 PLANIOL-RIPERT y Esmein, Tratado, VII, N° 1548, p. 892.

217 Lecciones de D. Civ., I, N° 378, p. 553.

218 En su libro Código de Enjuiciamientos en materia civil, apéndice 59 en una de sus ediciones; y apéndice 46 en otra edición.

«2727. Noción.— Las presunciones son las consecuencias que la ley o el juez saca de un hecho conocido para remontarse a un hecho desconocido».

En cuanto a que la parte favorecida con la presunción no tiene necesidad de probar, el 2728 de dicho cód. previene:

«Prueba contra las presunciones legales.— Las presunciones legales dispensan de cualquier prueba a aquellos a favor de los cuales se hallan establecidas.

«Contra las presunciones legales sobre el fundamento de las cuales la ley declara nulos ciertos actos o no admite acción en juicio, no puede darse prueba contraria, salvo que ésta se encuentre consentida por la misma ley».

En el segundo apartado del precepto establece qué presunciones tienen una fuerza probatoria indestructible.

Acerca de las presunciones que no emanan de la ley el cód. civ. de Italia contiene el:

«2729.— Presunciones simples.— Las presunciones no establecidas por la ley se dejan a la prudencia del juez, el cual no debe admitir más que presunciones graves, precisas y concordantes.

«Las presunciones no se pueden admitir en los casos en que la ley excluye la prueba por medio de testigos».

El cód. de NAPOLEÓN, en su art. 1282- previene que cuando un acreedor entrega voluntariamente a su deudor el título en que consta su crédito, se presume que ha querido liberarlo.

Nosotros tenemos una regla semejante dentro del título de la condonación. El art. 1301 de nuestro cód. civ. declara:

«Habrá remisión de la deuda cuando el acreedor entregue al deudor el documento original en que constare, si el deudor no alegase que la ha pagado».

Basta que el deudor alegue el pago; no es necesario que lo pruebe, porque la prueba consiste en el recibo o en otro instrumento privado. Y ese instrumento es tan importante para la prueba de la extinción de la obligación mediante la *solutio* que el art. 1234 del cód. civ. del Perú, autoriza al deudor a no pagar en tanto no se le entregue el recibo de dicho pago. El precepto de nuestro cód. es más completo que el del cód. francés, el que solo dice: *«La remise volontaire du titre original sous signature privée par le créancier au débiteur, fait preuve de la libération».*

PRINCIPIO DE PRUEBA ESCRITA

Con respecto a la locución «principio de prueba escrita», que utiliza el cód. civ. del Perú, en sus arts. 366, inc. 5°, 312 y 1732, dícese que es un escrito proveniente del colitigante o del mandatario de éste que haga verosímil el hecho alegado. Al respecto, dice el art. 2724 del cód. civ. de Italia lo que sigue:

«Excepciones a la prohibición de la prueba testifical.— La prueba de testigos se admite en todos los casos:

«1) Cuando existe un principio de prueba por escrito: éste está constituido por cualquier escrito, proveniente de la persona contra la cual se dirige la demanda o por su representante, que haga aparecer verosímil el hecho alegado;

..................».

Principio de prueba por escrito se llama al escrito que proviene de la parte contraria (colitigante), o de quien la representa que hace verosímil el hecho alegado. El principio de prueba escrita debe provenir no de la persona misma que ha pedido la prueba de testigos.

En el inc. 5° del art. 366 del cód. civ. se previene que la paternidad ilegítima puede ser judicialmente declarada, en el caso de seducción de la madre, cumplida con abuso de autoridad o con promesa de matrimonio, en época contemporánea de la concepción, y siempre que para el segundo supuesto exista principio de prueba escrita.

Cuando la ley exige un principio de prueba, hay que reconocer que ese principio constituye una prueba insuficiente, que hace la pretensión reclamada verosímil, pero que no es de tal naturaleza que convenza al juez para que dé el triunfo en la controversia a aquel que presenta dicho principio de prueba.

Con respecto al principio de prueba por escrito el art. 1347 del cód. civ. francés declara:

«Les regles ci-dessus reçoivent exception lorsqu'il existe un commencement de preuve par écrit».

«On appelle ainsi tout acte par écrit qui est émané de celui contre lequel la demande est formée, ou de celui qu'il représente, et qui rend vraisemblable le fait allégué».

Define el principio de prueba por escrito el acto escrito que proviene del demandado, o de su representante, y que haga verosímil el hecho alegado.

Se trata de instrumento que no acredita de plano la existencia del negocio jurídico, porque entonces no constituirá principio de prueba por escrito, sino prueba pura. Además, debe provenir el documento de aquel a quien se ha demandado, o de su causante, o de aquel que lo representa y que, finalmente, haga resultar verosímil el hecho que se alega. Por ejemplo, una carta en la que se solicita un préstamo, o en la que se agradece cierto pago.

Este principio de prueba no es prueba plena, irrefragable. Por tanto, el juzgador puede o no aceptarlo como probanza.

Para PLANIOL-RIPERT y Esmein[219], tratándose del «comienzo de prueba por escrito», se necesita a) un escrito que haga verosímil el hecho alegado y que dicho escrito proviene de la persona a quien se le opone esta probanza. Basta que sea un escrito; no es necesario que sea un instrumento. Por tanto, vale una carta como comienzo de prueba aunque no tuviere fecha si el hecho que se alega resulta verosímil sin necesidad de fecha. Pero si el comienzo de prueba trata de probar algo que emana de ciertos documentos es necesario que el comienzo de prueba escrita sea de fecha posterior al acto o negocio impugnado. Son comienzo de prueba, v. g., las enunciaciones del cuaderno de inventarios; los papeles domésticos que no hacen fe contra quien los llevaba; una anotación al margen de un escrito aunque no guarde relación alguna con el contenido del documento. También es comienzo de prueba el instrumento firmado por solo una de las partes pero solo para el que lo firmó, a no ser que las firmas que faltan fueren de los otros codeudores solidarios. Asimismo, si los documentos que presentan ambas partes difieren, por ejemplo, porque en uno existe cierta cláusula que no figura en el otro, puede servir como comienzo de prueba.

Otros elementos son: b) Escrito emanado de aquel a quien se opone. El escrito de un tercero no puede considerársele como comienzo de prueba. Tampoco lo serían las respuestas dadas en interrogatorios a extraños. El escrito debe ser escrito de puño y letra y/o firmado por aquel a quien se opone. Un recibo firmado por el contrario es comienzo de prueba, c) Un escrito que haga verosímil el hecho alegado. Por tanto, no se trata de escrito que pruebe el hecho alegado, sino tan solo que lo haga verosímil.

La prueba de testigos es complementaria al comienzo de prueba por escrito; éstos dan un suplemento de prueba al comienzo de prueba que ya ha sido ofrecida por la parte. Así, el peligro de la prueba de testigos queda suprimido casi totalmente, porque la convicción del juez ya está formada a medias y esa convicción se apoya en un documento que no puede mentir. Ambas probanzas se integran: la declaración de los testigos completa el escrito y, recíprocamente, el escrito otorga fuerza a la declaración testimonial.

---

[219] Tratado Práctico de D. Civil francés, VII, Nº 1531 ss., p. 874 ss.

LA FECHA CIERTA

Muy importante para la atribución de los derechos es la fecha auténtica en los instrumentos. *Prior tempore potior in iure* es apotegma de aplicación frecuente, aún cuando existen excepciones (por ejemplo, en las obligaciones la preferencia de unas sobre otras no depende de su fecha, sino de su naturaleza).

Fecha cierta exige el art. 1001 del cód. civ. del Perú, el cual permite la prenda tácita entre los mismos deudor y acreedor, siempre que la nueva deuda garantizada conste en escrito de fecha cierta. Obviamente, dicha fecha debe ser auténtica para los terceros acreedores, cuyos créditos pueden ser anteriores o posteriores a la nueva prenda. Indirectamente, el art. 1270 del cód. civ. peruano, que legisla en su inc. 2° la subrogación convencional por parte del deudor, reclama fecha cierta ya que dispone que el dinero con que subroga al prestamista se le haya dado en préstamo pero por escritura pública (porque ésta tiene *prima facie* fecha cierta).

La fecha de la muerte de dos personas debe también ser establecida, a fin de determinarse quién hereda a la otra. Si no se pudiera establecer la fecha y la hora, no se da la transmisión sucesoria: art. 7° del cód. civ.

La fecha cierta es necesaria como medio de impedir los fraudes que de otro modo se cometerían fácilmente por el deudor- en perjuicio de sus acreedores o de una parte de ellos.

Con la anotación preventiva de embargo, por ej., el crédito constante en instrumento privado, adquiere fecha cierta, pero solo desde la anotación registral, que es la fecha del asiento de presentación. También con el reconocimiento judicial sea dentro del juicio, sea en diligencia preparatoria, pero solo desde el día del reconocimiento; o si se da cuenta del instrumento privado en un cuaderno de inventarios, pero también solo desde la fecha de la diligencia de inventarios.

La fecha que ostenta un instrumento privado no puede reputarse «fecha cierta» (fecha indubitable). Por el contrario, el instrumento público tiene fecha cierta, hasta que no se pruebe y se decida judicialmente (en la vía ordinaria) que no la tiene.

Y en cuanto a la fecha cierta, para las partes y para sus herederos a título universal, la fecha expresada en el instrumento privado es para ellos verdadera, si ha sido judicialmente reconocido (puede también darse el caso de que hubiera sido extra-judicialmente reconocido, con legalización de la firma de quien practicó el reconocimiento).

En cambio, para los terceros o sucesores a título singular del que reconoce, carece de fecha cierta.

Vale la pena reproducir el art. 1035 del cód. civ. de la Argentina, sobre este problema de la fecha cierta. Dice tal precepto:

«Aunque se halle reconocido un instrumento privado, su fecha cierta en relación a los sucesores singulares de las partes o a terceros, será:

«1° La de su exhibición en juicio o en cualquier repartición pública para cualquier fin si allí quedase archivado;

«2° La de su reconocimiento ante un escribano y dos testigos que lo firmaron;

«3° La de su transcripción en cualquier registro público;

«4° La del fallecimiento de la parte que lo firmó, o del que lo escribió, o del que firmó como testigo».

No parece que nosotros, atendida la fama que tiene nuestra administración pública, le concedamos fecha cierta a un documento privado archivado en ella, porque es fácil que el empleado público lo archive con fecha antedatada.

Hay también que esclarecer que la legalización notarial no le da fecha cierta al instrumento privado, ya que el notario puede también legalizar con fecha antedatada, lo cual no puede hacer con las escrituras públicas, en razón de las seguridades que contiene para su otorgamiento, la ley de notariado. Una de ellas es el orden cronológico en que deben ser extendidas.

Constituye fecha cierta la que ostenta el original del despacho telegráfico, si la oficina que lo expidió lo conserva[220].

***

No pretendo que la grandeza de la obra se deba solo a que el Quijote es un *homo iuridicus*. Obviamente, existen otros aportes que la hacen excelsa. Así:

Una de las causas de la fama del Quijote se encuentra en que este personaje con su honra; con sus frustraciones; con su pobreza por siempre; con su tristeza, no cambia; no está harto de lo que es; conserva su ejemplaridad moral.

El Quijote era pobre, —aún dentro de su hogar—. Su comida era la de la gente humilde y, sin embargo, costaba más de la mitad de sus ingresos:

---

220 En el cód. civ. de NAPOLEON su art. 1328 déclara:
«Les actes sous seing privé n'ont de date contre les tiers que du jour ou ils sont enregistrés, du jour de la mort de celui ou de l' un de ceux qui les ont souscrits, ou du jour ou leur substance est constatée dans des actes dressés par des officiers publics, tels que procés-verbaux de scellés ou d'inventaire».

«Una olla de algo más de vaca que carnero, salpicón las más noches, duelos y quebrantos los sábados, lentejas los viernes, algún palomino de añadidura los domingos, consumían las tres partes de su hacienda»[221].

« ... porque quien es pobre no tiene cosa buena. Esta pobreza ... ya en hambre, ya en frío, ya en desnudez, ya en todo junto»[222].

«El pobre honrado si es que puede ser honrado el pobre tiene prenda en tener mujer hermosa, que cuando se la quitan le quitan la honra y se la matan». Empero, no obstante su pobreza siempre fue honrado[223].

También dice que quien carece de bienes, es decir, que es pobre, no puede ser «hombre de bien»[224].

En su conducta está el ser sobrio en el comer.

«Hemos de matar en los gigantes,... a la gula y al sueño en el poco comer que comemos y en el mucho velar que velamos ...»[225].

Don Quijote no podía pegar sus ojos, porque más le desvelaban sus imaginaciones «que la hambre»[226].

Miseria existe en esta frase del señor don Quijote:

« —Come, Sancho amigo...; sustenta la vida que más que a mi te importa, y déjame morir a mi a manos de mis pensamientos y a fuerza de mis desgracias. Yo, Sancho, nací para vivir muriendo, y tú para morir comiendo ...»[227].

---

221 Parte 1a., cap.I.

222 Parte 1a., cap. XXXVII.

223 Parte 2a., cap., XXII.

224 Parte 1a., cap. VII.

225 Parte 2a., cap. VIII. Esta frase integra un parágrafo realmente maravilloso, prácticamente no susceptible de traducción a otro idioma, con la misma armoniosa redacción, por lo que su perfección no podría ser íntegramente captada por extranjeros.

226 Parte 2ª., cap. LX.
Es notable también cómo concibe al caballero andante:
«... y volviendo a lo de arriba, ha de guardar la fe a Dios y a su dama; ha de ser casto en los pensamientos, honesto en las palabras, liberal en las obras, valiente en los hechos, sufrido en los trabajos, caritativo con los menesterosos, y, finalmente, mantenedor de la verdad, aunque le cueste la vida el defenderla .. .». (Parte 2a„ cap. XVIII).
«Esta pobreza .. .ya en hambre, ya en frío, ya en desnudez, ya en todo junto». (Parte 1» cap. XXXVII).

227 Parte 2a., cap. LIX.
Sancho no es el hombre basto y elemental que al simple examen parece ser. Veamos qué dice:
«... donde hay escasez no puede vivir la liberalidad». Parte 1a. cap. XLVII.
« — ...Dos linajes solos hay en el mundo, como decía una aguela mía, que son el tener y el no tener; ... y el día de hoy... antes se toma el pulso al haber que al¡ saber: un asno cubierto de oro parece mejor que un caballo enalbardado». Parte 2a., cap. XX.
Cuando sale de la instila dirá: «... desnudo nací, desnudo me hallo, ni pierdo ni gano; quiero decir que sin blanca entré en este gobierno, y sin ella salgo». Parte 2a.,(cap. LIII.

La bondad del Quijote; otro de sus atributos.

Veamos cómo era de bueno:

El mismo dice: «...mis intenciones siempre las enderezo a buenos fines, que son los de hacer bien a todos y mal a ninguno»[228].

Para Sancho, el Quijote « ... no sabe hacer mal a nadie, sino bien a todos, no tiene malicia alguna: ... y por esta sencillez le quiero como a las telas de mi corazón, y no me amaño a dejarle por más disparates que haga»[229]. En otro lugar, expresa «... él es tan bueno como el buen pan»[230].

Para UNAMUNO, el Quijote es hijo de bondad; no solo hijo de bienes, como son todos los hijodalgos. Bienes en sentido jurídico[231]. Con solar conocido. Obviamente, por ser hijodalgo es hijo de algo.

Existe en el Quijote siempre —a toda hora—, una profunda tristeza. ¿Por no haber podido realizar el derecho?

En el cap. XXXI de la parte 2a. léese que sus desgracias tuvieron principio pero no tendrán fin.

Melancolías y desabrimientos, afirma el médico que lo asiste, que le están acabando la vida (se va yendo poco a poco)[232].

Veamos otras muestras de esa inmensa pesadumbre:

Y cuando regresa el Quijote para morir, habrá de exclamar:
«... viene vencedor de sí mismo».
Coincidiendo con la frase bíblica «Mientras existe vida hay muchas penas», dice: «... el que larga vida vive, mucho mal ha de pasar». Parte 2a., cap. XXXII.
Sin embargo, alguna vez Sancho dirá: «... yo le juro a fe de pobre hombre. ..». (Parte 1a., cap. XV); y ello le hace daño.

228 Parte 2a., cap. XXXII.

229 Parte 2a., cap. XIII.

230 Parte 2a., cap. XLVII.

231 Miguel de UNAMUNO, «Vida de don Quijote y Sancho», cap. 1, la parte. Para él es el Quijote hombre de bien, en cuanto bien es virtud; no bienes que comprenden las cosas. El mismo dirá: «...soy hijodalgo de solar conocido, de posesión y propiedad...», en «El ingenioso hidalgo...», cap. XXI, 1a. parte. No solo tenía status posesorio en las res sino derecho de propiedad. Nótese que distingue posesión de dominio; distinción que el vulgo desconoce.
Empero, es evidente que el Quijote es hombre de bondad y de esa misma bondad que anima al personaje de Eca de Queiroz en «La ilustre casa de los Ramírez», B. Aires. 1946, ed. España-Calpe Argentina S.A. Reproducimos el parágrafo: «...Mire: a veces hay un hombre muy serio, muy puro, muy austero, un Catón que siempre cumplió con su deber, y, sin embargo, nadie lo quiere. ¿Por qué? Porque nunca dio, nunca perdonó, nunca acarició, nunca sirvió; y al lado, otro liviano, descuidado, que tiene defectos, que olvida hasta el deber; pero que es amable, generoso, servicial y dulce, y todos lo quieren. Y no sé si hasta Dios. El me perdone, lo prefiere también».

232 Parte 2a., cap. LXXIV.

El canto que escuchan el cura y el barbero:

«¿Quién mejorará mi suerte?

«La muerte»[233].

«Busco en la muerte la vida»[234].

«Yo nací para ejemplo de desdichados y para ser blanco y terreno donde tomen la mira y asesten las flechas de la mala fortuna ...»[235].

«Don Quijote . .. (tenía) la más triste y melancólica figura que pudiera formar la misma tristeza»[236].

Ciertamente, estas expresiones son de más jerarquía que la fabla de los tribunales, que la sabía CERVANTES, por haberla experimentado en carne propia.

Otra muestra de pena es el dicho del caballero del Bosque: «... lléguese a mí y hará de cuenta que se llega a la misma tristeza ..."[237].

A lo cual el Quijote responde:

«... y aunque en mi alma tienen su propio asiento las tristezas, las desgracias y las desventuras, no por ello se ha ahuyentado de ella la compasión que tengo de las ajenas desdichas»[238].

La Trifaldi dirá: «¡ ... en hora menguada nuestros padres nos engendraron!»[239].

Existe en Quijote la esperanza de que su suerte cambie. Así, a Rocinante le dice:

« — Aún espero en Dios y en su bendita Madre, flor y espejo de los caballos, que presto nos hemos de ver los dos cual deseamos: tú con tu señor a cuestas: y yo encima de ti, ejercitando el oficio para que Dios me echó al mundo»[240].

---

233 Parte 1a., cap. XXVII.

234 Parte 1a., cap. XXXIII.

235 Parte 2a., cap. X.

236 Parte 2a,, cap. LX.
Cuando el desánimo le Invade el alma, dirá «Pero, en llegando al fin, que es cuando se acaba la vida, a todos les quita la muerte las ropas que los diferenciaban, y quedan iguales en la sepultura» (Parte 2a., cap. XII).
El, como Cardenio, gustó más «ser de la desventura, pudiendo haber sido de la buena dicha» (Parte 1a., cap XXVIII); y que «para remediar desdichas del cielo poco suelen valer los bienes de fortuna» (Parte 1a. cap. XXIV).

237 Parte 2a., cap. XII.

238 Parte 2a., cap. XII.

239 Parte 2a., cap. XXXIX. Esto es bíblico: en JEREMIAS, 20: 18, encontramos: «Para qué salí del vientre? ¿Para ver trabajo y dolor y que mis días se gastasen en afrenta.?».
Para DE MAESTU («Don Quijote, don Juan y la Celestina», cap. I) es un libro saturado de una honda tristeza.

240 Parte 1a., cap. XLIX.

Siempre conservó el ánimo de que las cosas habrían de cambiar para él. Así, decía:

« .. . porque no es posible que el mal ni el bien sean durables, y de aquí se sigue que habiendo durado mucho el mal, el bien está ya cerca»[241].

Empero, jamás cambió el suceder malo.

A Sancho le dirá:

« .. . Juntos salimos, juntos fuimos y juntos peregrinamos; una misma fortuna y una misma suerte ha corrido por los dos; si a ti te mantearon una vez, a mi me han molido ciento, y esto es lo que llevo de ventaja»[242].

En otro momento exclamará:

«—¡Santo Dios! ¿Qué es lo que dices Sancho amigo? Mira, n o me engañes, ni quieras con falsas alegrías alegrar mis verdaderas tristezas»[243].

Resulta congruente que el hombre a quien la vida le ha sido fácil y suave; que ha triunfado y ha tenido suerte, agradezca a Dios por haberlo siempre encaminado por la senda derecha. No es, por el contrario, explicable que aquel a quien los hechos lo tuvieron siempre a mal traer; que nunca conoció la abundancia; que siempre anduvo muy sin dineros; que como al personaje de Ega en «La ilustre casa de los Ramírez»[244], los hechos que para los demás eran baladís, para él siempre terminaron en quebranto y desventura, todavía tuviera ánimos antes de morir, para agradecer a su Hacedor todo lo bueno que le dio[245].

---

241 Parte 1a., cap. XXVII.

242 Parte 2a., cap. II.

243 Parte 2ª., cap. X.
Al comenzar el libro Cervantes lo hace alegre al Quijote. Salió por la puerta falsa de un corral «con grandísimo contento y alborozo». Parte 1a., cap. II. El ama dirá «... quiere salir otra vez ... por ese mundo lo que él llama venturas, que yo no puedo entender como les da este nombre». Parte 2a., cap. VII. Su peregrinar lo cree venturoso.
En GARCÍA LORCA también nos encontramos con la tristeza. Para el cantaor Juan Breva anota «Era la misma pena cantando detrás de una sonrisa».
Ante tanta adversidad dirá: «—Bien podrán los encantadores quitarme la ventura, pero el esfuerzo y el ánimo será imposible» Parte 2a., cap. XVII).

244 Cap. X, p. 199 de la ed. de Espasa-Calpe Argentina S.A., Buenos Aires, 1946, edit. Peuser. Allí se lee:
«... no había cesado de padecer humillaciones que nacían siempre de cosas tan sencillas, tan seguras para cualquier hombre como el vuelo para cualquier ave; solo para él constantemente terminadas en dolor, vergüenza o pérdida... Realmente, el destino se cebaba en él con desmedido rencor». Y agrega:
«—¿Y por qué ... en vida tan corta tanta decepción? ¿ por qué?».

245 Parte 2a., cap. LXXIV.
Lo de la mujer del César lo dice el Quijote en forma más significativa: «porque la buena mujer no alcanza la buena fama solamente con ser buena, Uno con parecerlo; que mucho más dañan a las honras de las mujeres las desenvolturas y libertades públicas que las maldades secretas» (Parte 2a., cap. XXII).

También contribuye al valor inconmensurable del Quijote, que el genio de CERVANTES hubiese incorporado en él no solo vocablos sino hechos de la Biblia[245 bis].

Para concluir, en el Quijote el derecho es la más diáfana- la más pura expresión de la justicia. El derecho en su sentido ínsito, es aspiración moral. Para el señor don Quijote, la moral obliga a respetar el derecho; éste se encuentra impregnado de principios éticos. Como expresa Georges RIPERT[246], la moral circula en el interior del derecho positivo, como la sangre en el cuerpo. Ahora se comprueba que el derecho está obedeciendo a fenómenos económicos, o sociológicos. La moral ha sido dejada de lado. Y la causa principal de la crisis del derecho es que éste se está apartando cada vez más, de la moral. Y este apartamiento tendremos que pagarlo, tarde o temprano[246 bis].

245bis José ORTEGA y GASSET, en «Meditaciones del Quijote», 8a. ed., Madrid, 1970, p. 36, comprueba: « ... Don Quijote (es) la parodia triste de un Cristo más divino y sereno; es él un Cristo gótico, macerado en angustias modernas...». La ejemplaridad moral del Quijote, la copió CERVANTES de Jesús.

246 «La regle morale dans les obligations civiles», N° 14 ss.

246bis Hasta los filósofos se percatan de este decaimiento del derecho. ORTEGA y GASSET, en «Una interpretación de la historia universal. En torno a Toynbee», ed. 1960, p. 338, invoca a los poderosos de la tierra (y todos sabemos quiénes son) su irresponsabilidad por destruir el derecho. «No se sabe de que jamás la humanidad, salvo instantes fugacísimos de absoluto caos y nunca a la vez, en todo el mundo, haya podido vivir sin Derecho», observa este filósofo.

BIBLIOGRAFÍA

APARICIO Y GOMEZ SANCHEZ, Germán.— Código de Procedimientos Civiles, t. I, Lib. e Imp. Gil S.A. Lima, 1933.

APARICIO Y GOMEZ SANCHEZ, Germán.— Código Civil, t. XIII, concordancias, Lib. e Imp. Gil S. A., Lima, 1943.

ARISTOTELES.— Ethica Nic.

AUBRY et RAU.— Cours de Droit Civil Français, vol. XII.— Lib. Marchai & Billard, Paris, 1916-43.

BAUDRY-LACANTINERIE et BARDE.— Traité Théorique et Pratique de Droit Civil, t. III, t. IV.— Lib. de la Société du Recueil Sirey, Paris, 1907-09.

BONNECASE, Julien.— Supplément au Traité Théorique et Pratique de Droit Civil de Baudry-Lacantinerie.— Lib. de la Société du Recueil Sirey, Paris, 1924.

BONUMA, Joâo.— Direito Processual Civil, 2° Vol., Edic. Saravia & Cia., Sao Paulo, 1946.

BONUMA, Joâo.— De las pruebas en general, en Revista de Derecho Procesal, Buenos Aires 1946, I, pág. 328.

CARBONNIER, Jean.— Derecho civil, t. II, vol. 2, Bosch, Barcelona, 1960-71.

CARNELUTTI, Francesco.— Instituciones del Proceso Civil, t. I, Ed. Jurídicas Europa-América, Buenos Aires, 1959.

CODIGO CIVIL DE NAPOLEON.

CODIGO CIVIL ITALIANO DE 1942.

CODIGO DE ENJUICIAMIENTOS en materia civil del Perú.

CODIGO CIVIL PERUANO DE 1936.

CODIGO DE PROCEDIMIENTOS CIVILES del Perú.

CODIGO CIVIL GERMANO.

COLIN, Ambrosio y CAPITANT, Henri.— Curso Elemental de Derecho Civil, t. I, Edit. Reus, Madrid, 1922.

«El Comercio», Sentencias. 7 novbre. 1926.

COUTURE, Eduardo J.— Fundamentos del Derecho Procesal Civil, 3a. edición, Depalma Editor, Buenos Aires, 1958.

DECRETO-LEY N° 20236 de 4 de diciembre de 1973, con la nueva Ley del juicio ejecutivo.

DEMOLOMBE, C.— Traité des Contrats.— XXIX.— Edit. A. Lahure, Imprimeur-Editeur, Paris, 1880-94.

DEVIS ECHANDIA, Hernando.— Teoría General de la Prueba Judicial, t. I, 2a. ed. Buenos Aires, 1972.

EL FUERO REAL.

ENNECCERUS, Ludwig; NIPPERDEY, Hans Carl.— Tratado de Derecho Civil (Parte Gral.), vol. 2, Bosch, Barcelona, 1933-1951.

ENNECCERUS, Ludwig-LEHMANN, Heinrich.— Tratado de Derecho Civil, t. II Derecho de Obligaciones, vol. I.— Bosch, Barcelona, 1934.

FURNO, Carlos.— Teoría de la Prueba Legal.— Edit. Revista de Derecho Privado, Madrid, 1954.

GARCÍA LORCA.— Poemas del Cante Jondo. Edit. Aguilar, Madrid.

GARSONNET, E.— Traité théorique et Pratique de Procédure, 8 tomos, Paris, 1885.

GOLDSCHMIDT, James.— Problemas generales del derecho. Edit. Depalma, Buenos Aires, 1944.

GOLDSCHMIDT James.— Derecho procesal civil, traducción de la 2a. ed. alemana, Edit. Labor S.A., Barcelona, 1956.

GORPHE, François.— De la apreciación de las pruebas.— Bosch y Cía., Editores. Buenos Aires, 1950.

HEBREOS. (La Biblia).

HEDEMANN, Justus Wilhelm.— Las Presunciones en el Derecho, Revista de Derecho Privado, Edit. Madrid, 1931.

HEDEMANN J. W.— Tratado de Derecho Civil, Derecho de Obligaciones Vol. III, Edit. Revista de Derecho Privado, Madrid, 1958.

IHERING, R.— El espíritu del derecho romano, tomo I, ed. Bailly-Balliére, 5a. Tirada. Madrid, 1891.

ISAIAS. (La Biblia).

JEREMIAS. (La Biblia).

LAMA, Miguel Antonio de la.— Código de Enjuiciamientos en materia civil, Lima.

LARENZ, Karl.— Derecho de Obligaciones, t. I., Edit. Revista de Derecho Privado, Madrid, 1958.

LEHMANN, Heinrich.— Tratado de Derecho Civil, vol. I, parte general, Edit. Revista de Derecho Privado, Madrid.

MAEZTU, Ramiro de.— Don Quijote, don Juan y la Celestina., Edit. Espasa-Calpe Argentina S. A. Buenos Aires, 1952.

MAZEAUD, Henri, León y Jean.— Lecciones de Derecho Civil, t. I., Eds. Jurídicas Europa-América, Buenos Aires, 1959-60.

MENDES DE ALMEIDA, Joáo Jr.— Direito Judiciario Brasileiro, 4a. ed. Rio de Janeiro, 1954.

MESSINEO, Francisco.— Manual de Derecho Civil y Comercial, vol. II y vol. IV. Ediciones Jurídicas Europa-América, Buenos Aires, 1954-56.

MICHELLI, Gian Antonio.— La carga de la prueba. Edic. Jurídicas Europa- América, Buenos Aires, 1961.

ORTEGA Y GASSET, José.— Una interpretación de la historia universal. En torno a Toynbee, Madrid, 1960.

ORTEGA Y GASSET, José.— Meditaciones del Quijote. 8a. ed., Madrid, 1970.

PLANIOL-RIPERT y ESMEIN.— Tratado práctico de derecho civil francés, t. VI, Cultural, S. A., La Habana, 1940.

PLANIOL-RIPERT Y ESMEIN.— Tratado Práctico de Derecho Civil Francés, vol. VII, Cultural S.A. La Habana, 1927-45.

PROVERBIOS. (La Biblia).

QUEIROZ, Eça de.— La ilustre casa de los Ramírez. Ed. Espasa-Calpe Argentina S.A., Buenos Aires, 1946.

Revista de los Tribunales, 1932.

Revista de Derecho, Jurisprudencia y Administración, Montevideo, 53.

RIPERT, Georges.— La régle morale dans les obligations civiles, Lib. Générale de droit et de jurisprudence, Paris, 1927.

RODRÍGUEZ DE REZENDE, Gabriel José filho.— Curso de Direito Processual Civil, Vol. II, 2a. éd., Sâo Paulo, 1950.

ROMANOS. (La Biblia).

SAN JUAN. (La Biblia).

SAN MARCOS. (La Biblia).

SAN MATEO. (La Biblia).

SANTIAGO. (La Biblia).

SANTORO PASSARELLI, F.— Doctrinas Generales del Derecho Civil. Edit. Revista de Derecho Privado, Madrid, 1964.

SILVA MELERO, Valentín.— La Prueba Procesal, t. I. Edit. Revista de Derecho Privado, Madrid, 1963.

ULPIANO.— Digesto.

UNAMUNO, Miguel de.— Vida de don Quijote y Sancho Panza. Madrid.

EL DERECHO EN EL QUIJOTE,
de JORGE E. CASTAÑEDA se imprimió
en la República Argentina en octubre de 2019.

www.ingramcontent.com/pod-product-compliance
Lightning Source LLC
LaVergne TN
LVHW082240051026
849532LV00012B/4058